Münsterschwarzacher Kleinschriften

herausgegeben
von den Mönchen der Abtei Münsterschwarzach

Band 168

D

Katharina Schridde

Den mütterlichen Gott suchen

Ein Leitfaden der Geistlichen Begleitung

Vier-Türme-Verlag

1. Auflage 2008

Lektorat: Dr. Richard Reschika
Umschlaggestaltung: Morian & Bayer-Eynck, Coesfeld
Umschlagmotiv: Theodor Bayer-Eynck, Coesfeld
Gesamtherstellung: Vier-Türme GmbH – Benedict Press,
Münsterschwarzach
ISBN 978-3-89680-381-8
ISSN 0171-6360

www.vier-tuerme-verlag.de

Inhalt

Vorwort

Gibt es einen mütterlichen Gott? Nein, natürlich nicht. Natürlich gibt es nur den Einen Gott der Heiligen Schrift, den Gott Israels, der dann im Neuen Testament als der »Vater Jesu Christi« benannt wird. Dabei ist es gewiss so, dass dieser väterliche Gott sich zuweilen auch mütterlich verhält – allerdings bleibt dann die Frage, was denn nun eigentlich mütterlich meint. Aber es wäre wohl eine Reduktion der Fülle Gottes, einen mütterlichen Gott suchen zu wollen, als könnte man damit alle anderen Erscheinungsweisen des Einen und ewigen Gottes vernachlässigen. Nein, die Rede vom mütterlichen Gott ist zwar modern, wird aber dem unendlichen Geheimnis Gottes kaum gerecht.

Also gibt es keinen mütterlichen Gott? Gibt es keinen, der mich gerade mit dem Antlitz einer liebenden Mutter ansieht, der mich und alles Lebendige hegt und nährt, ja überhaupt erst geboren hat und ins Leben liebt, der nur wie eine Mutter trösten kann und Lebendes und Sterbendes in seine liebenden und bergenden Arme nimmt?

Und gibt es ihn denn nicht, diesen Gott, der selbst im Tod noch das Leben will und alles Vergangene wandelt in Zukunft? Gewiss gibt es diesen Gott mit dem Antlitz und dem Gebaren einer guten Mutter! Vor allem aber ist dieser Gott, von dem die Bibel redet, der in Jesus Christus Mensch geworden ist und sich als Wort in unsere gebrechliche und zuweilen hilflose Sprache hüllt, demütig.

Er ist ja Wort und Mensch geworden, weil er sich unseren sehr begrenzten menschlichen Vorstellungen, Bildern und Sinneseindrücken unterwirft, damit wir ihm überhaupt nahe kommen können. Und weil er das von sich aus getan hat und immer wieder tut, ist es uns nicht nur erlaubt, sondern wohl geradezu geboten, ihn auch mit Worten und Bildern unserer menschlichen Lebenswelt anzusprechen, ihn anzurufen als »Du«, der sich uns gleich macht.

Die Sprach- und Erfahrungswelt von Frauen und Männern hat sich zumindest in unserer heutigen bundesrepublikanischen Gesellschaft in weiten Bereichen angeglichen. Die Gender-Forschung hat uns zwischen biologischen Notwendigkeiten und anerzogenen Verhaltensweisen zu unterscheiden gelehrt, die ganz unabhängig vom biologischen Geschlecht wirksam werden. Es gibt den mütterlichen Mann und die väterliche Frau.

Und doch gibt es Lebensphasen, Erlebensweisen und geistliche wie psychische Verdichtungen, die nicht nach Gleichzeitigkeit fragen, sondern nach Schutz und Grenze. Die danach verlangen, dass ihnen ganz bestimmte Bilder und Begegnungsformen zugesellt werden, damit überhaupt ein nächster Entwicklungsschritt möglich wird. In alten Riten und manchen spirituellen Erfahrungswegen werden die »Männer- und Frauenräume« wiederentdeckt und ernst genommen. Nicht um das jeweils andere Geschlecht abzuwerten oder zu übertrumpfen, sondern um nach einem entsprechenden Übergang wieder begegnungs- und beziehungsfähig zu werden – wieder neu erwacht und bestätigt in der Gestalt, als die ich erdacht und geschaffen wurde.

Nur so sind der Titel und der Ansatz dieses Büchleins zu verstehen. Als ein kleines sprachliches »Frauenzimmer«, in dem Frauen – und selbstverständlich auch Männer, die sich an diese »mütterliche Seite Gottes« wenden – in vertrauten und zutiefst eingestifteten Erfahrungsbildern Ruhe, Geborgenheit und Begleitung finden können für den nächsten Schritt hinein ins Leben.

I. »Ach, Mutter ...!«

Die bleibende Distanz bei aller Nähe ist ein wesentliches Kennzeichen in der Geistlichen Begleitung, ganz gleich, ob sie von einem Mann oder einer Frau verantwortet wird.

»Willst Du etwa so zur Schule gehen?« – Ich schaute sicherheitshalber noch einmal an mir herunter, von meinem etwas unförmigen Jungmädchenkörper ohnehin ziemlich genervt, befand aber, dass die alten Jeans, der ausgeleierte Wollpullover und die abgewetzten Wildlederschuhe meinem Lebensgefühl unbedingt entsprachen. Daher beschloss ich, auf weitere Diskussionen zu verzichten, schaute die Frau vor mir nur mit einer Mischung aus Langeweile und nachlassendem Schmerz an und presste das übliche »Ach, Mutter ...!« hervor. Sie würde es nie verstehen. Sie würde nie verstehen, dass diese Bekleidung sowohl Hilferuf als auch Kampfansage war. Hilferuf des immer noch kleinen Mädchens, es in den Arm zu nehmen und so zu umhüllen und einzuwickeln, wie es dieser überdimensionierte Pullover tat, und Kampfansage der jungen Frau, die jeder Konvention, erst recht der elterlichen, den Krieg erklärte.

Ganz ähnliche Situationen gab es mehrmals am Tag, die Anlässe waren austauschbar und reichten von der Frage der Abendgestaltung bis hin zu der Frage, ob man als 16-Jährige allein nach Griechenland trampen könnte.

Es spielte keine Rolle, ob meine Mutter mit ihren Anmerkungen, Befürchtungen und Ratschlägen eigentlich Recht hatte oder nicht – sie hatte einfach keine Chance, weil sie meine Mutter war. Heute treibt es mir manchmal die Schamröte ins Gesicht, wenn ich daran denke, wie ich sie behandelt habe, und ich kann nur staunen, dass wir – nach Jahren großer Schwierigkeiten – wieder eine sehr liebevolle Beziehung haben.

Und dann gab es die andere Seite. Schon als junges Mädchen hielt ich eifrig Ausschau nach »Müttern«, auch wenn ich sie nie so benannt hätte. Ich suchte und fand Frauen, die um einiges älter sein mussten als ich (sonst hätten sie sich für diese Rolle nicht geeignet), die klug, gebildet, weltgewandt und geschmackvoll gekleidet sein sollten (jedenfalls anders als ich!), die mit einer guten Mischung aus Zuwendung und Distanz mir Vorbild, aber kein unerreichbares sein sollten. Sie mussten eine zärtliche Behutsamkeit ebenso vermitteln wie eine klare Orientierungshilfe, und sie mussten es aushalten, dass ich sie verehrte – mit aller mir zur Verfügung stehenden Sprödigkeit.

Während ich also meine eigene Mutter verachtete, suchte ich nach einer Mutter. Vermutlich ging es tatsächlich um diese kleine, aber wesentliche Distanz, die bei aller jugendlichen Schwärmerei und auch erwiderten herzlichen Zuwendung bestehen blieb – sowohl von der »Wahlmutter« zu mir, als auch von mir zu ihr. Diese gute Distanz war und ist der Raum, in dem Enttäuschungen, die jeder Beziehung zugemutet werden, erträglich sind und in dem die jeweils andere auch immer die »Geheimnisvolle« bleibt, die, die nicht vereinnahmt werden kann und will, die, die immer neu und überraschend ins Leben tritt und Wege weist, die nicht vorhersehbar sind.

Eben diese bleibende Distanz bei aller Nähe ist auch ein wesentliches Kennzeichen in der Geistlichen Begleitung, ganz gleich, ob sie von einem Mann oder einer Frau verantwortet wird. Da ich aber nun einmal aus der Perspektive einer Frau schreibe, rede ich im Folgenden ausschließlich von Geistlicher Mutterschaft – ausdrücklich ohne damit einen wesensmäßigen Unterschied zur Geistlichen Begleitung durch einen Mann unterstellen zu wollen.

II. Denn durch Gleiches beruft ER das Gleiche – Der gemeinsame Weg

Offenheit ist Katja wichtig – und zwar eine Offenheit, die ihr als Vorschussleistung entgegengebracht wird, denn sie selbst verbirgt sich geschickt hinter ihren brillanten Analysen –, und die Freiheit, tun und lassen zu können, was sie will.

Katja

Katja, eine schmale, etwa 30-jährige Frau, nimmt an einem Bibliodrama-Kurs teil. Während die anderen Teilnehmer/innen sich je nach Temperament mutig oder vorsichtig in die Rollenfindung und ins Spiel hineinbegeben, bleibt Katja konsequent in der Haltung der Zuschauenden. Zwischendurch stellt sie intelligente und geradezu messerscharfe Fragen zur Methode, aber auch zur Motivation der Teilnehmer/innen, ihre jeweilige Rolle so und nicht anders zu spielen. Eine Zeit lang lassen sich die anderen auf diese »Prüfungen« ein, dann beginnt sich Widerspruch zu regen. Sie spüren, dass Katja mit ihren persönlichen und kritischen Fragen Distanz schafft, sich in einer überlegenen Position halten will, zugleich aber die anderen mit leisen Untertönen bloßstellt.

In einer Pause ergibt sich ein kurzes Gespräch mit ihr. Ich frage sie, was sie suche, warum sie sich einen Bibliodrama-Kurs ausgesucht habe. Eine Freundin hat mich hergeschickt, lautet die Antwort. Ich bin überrascht. Bisher machte Katja nicht den Eindruck auf mich, als ob sie sich von irgendjemandem Ratschläge erteilen lassen würde. Ich schaue sie an, mir fällt erneut ihr sehr blasses, markantes Gesicht mit den großen Augen auf. Augen wie die eines hungrigen Kindes im Körper einer seelisch verhärteten Frau.

Ich frage weiter, ob sie denn irgendetwas in diesem Kurs fände, was ihr guttäte, oder ob sie ihre Entscheidung, hierherzukommen, bereue? Nein, es ginge ihr sehr gut damit, die Leute seien so offen und niemand würde sie zu irgendetwas zwingen. Das wäre ja schon viel! Wieder bin ich erstaunt. Ihre Wahrnehmung geht offenbar von anderen Bedürfnissen als die der meisten anderen Teilnehmer/innen aus. Offenheit ist ihr wichtig – und zwar eine Offenheit, die ihr als Vorschussleistung entgegengebracht wird, denn sie selbst verbirgt sich geschickt hinter ihren brillanten Analysen –, und die Freiheit, tun und lassen zu können, was sie will. Dass ihr Bedürfnis, Zuschauende zu sein, mit dem Kursinhalt buchstäblich nur am Rande zu tun hat, stört sie offensichtlich nicht. Ich bitte sie daraufhin, mit der zum Teil sehr persönlichen Kritik vorsichtiger umzugehen, ansonsten aber so in der Gruppe präsent zu sein, wie es ihr jetzt möglich sei. Sie schaut mich prüfend und misstrauisch an – auch dass man Kritik an ihrem Verhalten üben, es korrigieren und zugleich ihre Person akzeptieren kann, ist ihr offenbar nicht vertraut. Ich lächele sie ermutigend an, dann geht es mit dem nächsten Programmpunkt in der Gruppe weiter.

Katja bleibt in den folgenden Tagen zurückhaltend, wirkt etwas verunsichert, beobachtet mich, sucht aber keinen direkten Kontakt. Drei Wochen nach Ende des Kurses bekomme ich einen knappen Brief von ihr. In einer ungewöhnlich schönen, Selbstbewusstsein vermittelnden Schrift fragt sie, ob sie mich anrufen dürfe. Ich schreibe ihr zurück, dass sie sich gern melden könne. Sie tut es, wir verabreden einen ersten Gesprächstermin. Der Weg beginnt.

Gertrud

Gertrud traf ich auf einer Reise. Sie ist Mitte fünfzig, Lehrerin, sehr gepflegt und elegant gekleidet. Bei unserer ersten Begegnung wirkt sie scheu, spricht leise, ist stets in Sorge, ob ich auch wirklich für sie Zeit hätte und nicht viel Dringenderes erledigen müsste. Mehrmals versichere ich ihr, dass ich jetzt nichts anderes zu tun hätte, als mich mit ihr zu unterhalten, wenn sie das möchte, aber es fällt ihr sichtlich schwer, mir die Verantwortung für meinen Zeitplan zu überlassen. Schließlich spreche ich genau das an und frage sie, ob sie auch außerhalb ihres Lehrerinnenberufes in ihrem Leben viel Verantwortung für andere Menschen übernehmen müsste. Sie schweigt, zieht sich zurück, wechselt das Thema. Wir sprechen über die Reise und die schönen Erlebnisse, die uns dabei schon geschenkt wurden. Sie genießt es, sich um nichts als um sich selbst kümmern zu müssen, genießt es, dass ein anderer die Leitung übernimmt, dass sie sich an den gedeckten Tisch setzen kann.

Zu Hause hätte sie immer die ganze Verantwortung zu tragen, ständig sei ihr Leben von kleineren oder größeren Katastrophen bedroht. Als ich sie fragend ansehe, hält sie inne, als habe sie sich in verbotenes Terrain vorgewagt. Ich frage nicht weiter. Am Ende der Reise verabschieden wir uns, sie sagt, dass unsere Gespräche ihr gutgetan hätten und sie sich melden würde.

Johannes

Johannes ist ein erfolgreicher Geschäftsmann in den Vierzigern. Er sieht blendend aus, ist mit einer klugen und schönen Frau verheiratet und hat zwei Kinder, beide gesund und erfolgreich. Johannes hat scheinbar alles, was man sich wünschen kann: Er wird geliebt, er ist wohlhabend, er ist beruflich abgesichert, er ist gesund, und er hat – so Gott will – noch einen Großteil seines Lebens vor sich, das er nach Herzenslust genießen kann.

Genau das kann er aber nicht. Er kann sein Leben, so wie es ist, nicht genießen. Es fehlt etwas, es fehlt der Sinn, eine völlig unbestimmte Sehnsucht in seinem Herzen lässt ihn nicht zur Ruhe kommen. Weder seine Frau noch seine Kinder oder berufliche Herausforderungen können diese Sehnsucht, und sei es nur für Augenblicke, befriedigen. Johannes wird unzufrieden, unleidlich, die Ehe wird zusehends zu einem Ort von Missverständnissen und Streit, ohne dass es immer konkrete Anlässe dafür geben würde. Die Beziehungen zu den Kollegen werden nicht weniger schwierig, was sich dann auch in geschäftlichen Missgeschicken äußert – wichtige Informationen wurden nicht weitergegeben,

Verantwortlichkeiten nicht beachtet, es kam zu Fehlentscheidungen.
Johannes schläft schlecht, wirkt unausgeglichen und wechselhaft in seinen Stimmungen. Er sucht Hilfe bei Lebensberatern und sucht nach einem Weg, auf dem er vielleicht einen Ausdruck für seine unbestimmte Sehnsucht finden kann.

Wir beginnen eine Reihe von Gesprächen.

III. Die Suche

Krisen sind jene Phasen im Leben, die ohne weiteres mit einem Geburtsvorgang verglichen werden können. Das »Kind«, das eigene Ich, das bisher recht gut und geborgen in seinem natürlichen Umfeld lebte und mit allem, was es braucht, versorgt wurde, stößt plötzlich an Grenzen.

Irgendwann wird es im eigenen Leben zu eng. Nicht immer ist ganz klar, warum plötzlich kleine Konflikte zu großen Dramen werden, es scheint unnötig, sich über so vieles aufzuregen, und doch ist alles, sind alle schier unerträglich.

Niemand scheint mehr zu verstehen, was einen eigentlich bewegt, der innere Schrei bleibt unerhört, die heimlichen Tränen sind nur ein weiterer Grund, sich zu ärgern und sich zu verachten.

Freundinnen, die bisher enge Vertraute waren, wirken nur noch schal und oberflächlich, der eigene Mann egozentrisch und unaufmerksam. Wo ist jemand, an den ich mich anlehnen kann? Wer erlaubt mir, schwach zu sein, ohne viele Worte einfach da zu sein?

Es beginnt eine unruhige Suche, die umso mühsamer ist, als sie sich gleichsam am eigenen Bewusstsein vorbei ihren Weg bahnen muss. Denn was sollte ich denn suchen? Ich habe doch alles!

Nicht selten werden in dieser Phase des Weges die bisher vertrauten Strategien noch intensiver verfolgt, in der Hoffnung, sich »am eigenen Schopf« aus diesem Strudel von Unzufriedenheit und Sehnsucht emporzuziehen. Wer gerne kocht, kocht jetzt verbissen und zu viel und ist tief gekränkt, wenn die anderen nicht alles aufessen. Die eigene Arbeit wird immer wichtiger, das Gefühl, mit all seiner Mühe nicht ernst genommen und nicht gewürdigt zu werden, immer größer. Religiöse Menschen neigen nicht selten zur Verstärkung ihrer vertrauten Gebetspraxis

– er muss doch helfen, dieser Gott, und wenn ich ihn nicht mehr höre, keinen Trost mehr aus meinen Gebeten ziehe, möglicherweise tief verborgene Aggressionen gegen diesen Gott empfinde, dann ist das sicher meine Schuld und erst recht ein Grund, sich umso stärker in Gebet und guten Taten von dieser vermeintlichen Schuld zu befreien.

Menschen, die durch Süchte gefährdet waren, sind es in diesen Zeiten besonders. Es ist ja inzwischen bekannt, dass »Sucht« und »Sehnsucht« nahe beieinanderliegen. Je stärker das innere Aufbegehren, je lauter das stets übergangene Sehnen nach einem neuen Lebensinhalt und einer Vertiefung der eigenen Lebenskraft, desto größer die Gefahr, dieses Drängen abzuleiten in vermeintlich einfachere Formen der Entlastung. Durch Suchtmittel ganz gleich welcher Art – chemische Stoffe, Beziehungen, selbstverletzendes Verhalten, Essen oder Nichtessen, Computer, Spiel, Arbeit und so weiter – wird immer zunächst Spannung abgebaut, ohne dass etwas im äußeren Leben verändert und damit auch nicht verantwortet werden müsste. Der äußere Schein wird gewahrt, während ein inneres Brennen das eigene Leben zu verzehren und zu ersticken droht.

Diese Beschreibung einer sich zuspitzenden Krise ist den meisten Menschen vertraut, weil sie sich mehrmals im Leben wiederholt und bei bestimmten Entwicklungsschritten geradezu normal ist – in der Pubertät, beim Übergang zum Erwachsenenleben, das mit einem großen Zuwachs an Eigenverantwortung einhergeht, sowie in der Lebensmitte, wenn sich eine tiefe, existenzielle Wandlung und Orientierung hin zur zweiten Lebenshälfte ankündigt. Es sind jene Phasen im Leben, die ohne weiteres mit einem Geburtsvorgang verglichen werden können. Das »Kind«, das eigene Ich, das bisher recht gut und geborgen in seinem natürlichen Umfeld lebte und mit allem, was es braucht, versorgt wurde, stößt plötzlich an Grenzen.

Unserer Wahrnehmung ist wohl eigen, die Gründe für diese plötzlichen Irritationen entweder in der vermuteten Veränderung äußerer Umstände zu suchen (die anderen sind plötzlich anders, komisch, gemein, eben schwierig) oder sie der eigenen fehlenden Anpassungsleistung zuzuschreiben (wenn ich mich nur anstrengen und zusammennehmen würde, ginge es mir besser!). Beides geht an der tatsächlichen Situation vorbei. Das »Kind« wächst! Es ist zu groß geworden für Fruchtblase und Uterus, die Nahrung aus »zweiter Hand« reicht nicht mehr aus! Die Dehnbarkeit des umgebenden Gewebes ist an eine Grenze gekommen, mehr Kompromisse sind weder von den anderen noch von mir selbst zu erwarten. Es muss irgendetwas geschehen! Nur was?

IV. Das Kennenlernen

»Meister, wo wohnst du?« – das ist die Frage nach all dem, was nicht als geordnete Reflexion, sondern als Beschreibung der Person der Begleiterin zu erkennen ist.

„Was wollt ihr?«, fragt Jesus die Jünger des Johannes, die ihm noch unbekannterweise folgen. Und sie antworten mit einer Gegenfrage: »Meister, wo wohnst du?« (Joh 1,38) Was willst du? – Das ist wohl eine der ersten Fragen, die ausgesprochen oder unausgesprochen am Beginn eines gemeinsamen geistlichen Weges steht. Und sie gilt beiden – denen, die um Begleitung bitten, und denen, die sich für ein Stück Weg als Begleitende zur Verfügung stellen.

Was ein/e Wegsuchende/r wirklich sucht, ist oft alles andere als deutlich, wird sich auch im Laufe der Zeit immer wieder verändern und vertiefen. Dennoch spielt die Frage am Anfang eine besondere Rolle, um Erwartungen zu klären, Rahmenbedingungen zu verabreden, um zu erkennen, ob diese Form der Begleitung wirklich die geeignete und diese/r Begleitende für diesen Wegabschnitt die/der richtige ist.

Viele Menschen suchen Beratung hinsichtlich eines konkreten Lebensproblems, Anleitung zu einer alltagstauglichen Spiritualität, Auswege aus einer Krise. Darunter liegen oft andere, verborgene Suchbewegungen: Die Sehnsucht nach Angenommensein, nach Nähe und Schutz, nach bedingungsloser Liebe, nach Erfüllung durchaus kindlicher Wünsche, nach Genährt- und Gewärmt-Werden im psychisch-spirituellen Sinne. Gerade diese verborgenen Wünsche, die manchen erwachsenen Menschen als nicht mehr angemessen erscheinen, derer sie sich sogar schämen, werden oft in »erwachsene« Formulierungen gekleidet – und in der Geistlichen Begleitung sind das dann Formulierungen aus der Spiritualität. »Ich suche nach Formen gelebter Spiritualität, die im Alltag anwendbar sind und die mich tragen, auch wenn ich schwach bin.« – »Ich wünsche mir jemanden, der mir zuhört und mich akzeptiert.« – »Ich brauche einfach einen ruhigen Ort und ein paar Anregungen für mein Leben. Und ich brauche jemanden, der mir sagt, wie es weitergeht.«

Selbstverständlich wird die/der Suchende mit diesen Fragen auch die Begleiterin kennenlernen wollen. Wie reagiert sie? Lässt sie mir meinen Schutzraum noch, oder will sie mich gleich in eine ganz bestimmte Richtung lenken? Aus welcher religiösen Richtung kommt sie, und wie viel Freiheit lässt sie mir, ihr darin zu folgen, oder auch nicht? Und schließlich: Erkennt sie auch die Dinge, über die ich nicht spreche, und kann sie mir zu verstehen geben, dass sie mich verstanden hat, ohne mich bloßzustellen?

Manche Antworten auf ihre offenen oder verborgenen Fragen kann die/der Wegsuchende auch indirekt ablesen: Wie sieht die Begleiterin aus? Welche Gestalt hat sie, wie kleidet sie sich, welche Haltung nimmt sie ein, wie klingt ihre Stimme? Spricht sie schnell oder langsam, gewählt oder eher Umgangssprache? Wie sieht der Raum aus, in dem das Gespräch stattfindet? Welche Hinweise gibt seine Gestaltung auf die Spiritualität der Begleiterin? Hat sie ein Kreuz an der Wand, oder steht irgendwo eine Ikone, und wenn ja, welche? Ist ihr Raum klar und strukturiert oder eher unaufgeräumt und vielfältig?

Wir wissen inzwischen, dass diese nonverbalen Hinweise mindestens am Anfang einer Beziehung wesentlich wirksamer sind als klug formulierte Worte. »Meister, wo wohnst du?« – das ist die Frage nach all dem, was nicht als geordnete Reflexion, sondern als Beschreibung der Person der Begleiterin zu erkennen ist.

An dieser Stelle sei ein Hinweis auf eine wiederkehrende Diskussion unter Begleitenden erlaubt: Darf sich eine Geistliche Begleiterin als Meister beziehungsweise Meisterin ansprechen lassen? Die Ablehnung dieses hohen Titels ist die Regel. Die meisten bevorzugen die eher deskriptive Bezeichnung »Begleiter« respektive »Begleiterin«, sind mit den suchenden Menschen auf Augenhöhe, miteinander unterwegs. Das hängt sicher mit einer berechtigten Scheu vor geistlicher Selbstüberhebung zusammen, und gerade in der Geistlichen Begleitung ist die Versuchung dazu stark. Die Grenze zwischen Verantwortung für andere und Machtmissbrauch ist schmal. Andererseits kann und soll auch der »demokratischere« Begriff »Begleiterin« beziehungsweise »Begleiter« nicht darüber hinwegtäuschen, dass es sich bei einer geglückten Begleitungsbeziehung jedenfalls in den ersten Phasen sehr wohl um eine hierarchische Beziehung handelt, ja handeln muss! Selbstverständlich sind vor den Augen Gottes Begleitende und Begleitete Schwestern und Brüder. Füreinander aber sollen sie für diese Situation (und nur dafür!) und für eine bestimmte Zeit (und nur in dieser) eben doch Führende und Geführte sein. Wenn die Führende auf dem Weg nicht ab und zu vorangeht und ihre größere Kenntnis des Weges nicht anwendet, werden beide nicht sehr weit kommen. Die Frage, in welcher Weise diese größere Kompetenz eingesetzt und vermittelt wird, ist davon noch nicht berührt. Vielmehr gehört es ja gerade zum Meister, zur Meisterin, diese eigene Fähigkeit so einzusetzen, dass die Suchenden davon profitieren können und nicht darunter leiden.

Wer sich Meister, Meisterin nennen möchte und es auch ist, sollte das ohne weiteres tun. Wer sich Begleiter beziehungsweise Begleiterin nennt, sollte auch das tun, dabei aber den wirklichen – weil wirksamen! – Charakter der Begleitungsbeziehung nicht vertuschen.

Die Frage der ersten Jünger, »Wo wohnst du?«, hat also in dieser ersten Zeit der Begleitung durchaus ihre Entsprechung. Ausgesprochen oder nicht, die Fragenden und Suchenden schauen, wie die Begleiterin selbst sich einrichtet in ihren Räumen und in ihrem Leben, in welcher Beziehung sie zu diesem Gott steht, von dem sie spricht, und wie sie diesen Gott erlebt und seine Botschaft verkündet. Und natürlich ist es schon zu diesem frühen Zeitpunkt für die, die kommen, wichtig zu wissen oder zumindest zu erahnen, wie offen und weit das Gottesbild der Begleitenden ist. Redet sie von Gott Vater? Spricht sie von Christus? Redet sie vielleicht zunächst gar nicht von Gott und lässt so den Raum offen für die erste Frage?

Umgekehrt lohnt es sich aber auch, sich als Begleiterin diese Frage immer wieder vorzulegen. Was suchst du eigentlich in dieser Beziehung? Suchst du die Kraft Gottes in diesem Leben, das sich dir da vertrauensvoll öffnet? Suchst du nach der Gestalt, die diesem konkreten Menschen von Gott eingestiftet ist und die vielleicht lange vergessen und verschüttet ist unter lauter Zwängen und Rollen und Vorstellungen? Oder – und das ist nie auszuschließen, sondern eher ein »und« als ein »oder« – wie sehr suchst du dich selbst in diesem Menschen, eigene Vorstellungen von geglücktem Leben, Stellvertretungen, sogar Hoffnung, diesen Menschen vor etwas zu bewahren, was du selbst vielleicht erlitten hast?

Das weite Feld der Projektionen ist damit angesprochen, das natürlich in der Geistlichen Begleitung genauso wirksam ist wie in allen anderen therapeutischen Beziehungen. Vermutlich sind sie nie ganz auszuschalten. Wir sind schließlich Menschen und damit gebrochen in unserer Ebenbildlichkeit Gottes. Wir sind nicht Gott, wir sind nicht Jesus Christus. Wohl aber stehen wir in seinem Auftrag und sind mit seinem Geist beschenkt. Die Frage nach der eigenen Motivation kann helfen, sich immer wieder neu in diesen Geist hinein auszustrecken, ihn einströmen zu lassen in die eigenen Gedanken und Handlungen und mit sich selbst und den anderen barmherzig zu bleiben.

In dieser Phase des Kennenlernens ist es wichtig, genau das zu tun: sich selbst und die/den andere/n sowie die jeweiligen Wünsche so gut es eben zu diesem Zeitpunkt geht, kennenzulernen, auch mit der Möglichkeit zu rechnen, dass die eigene Person jedenfalls zu diesem Zeitpunkt nicht geeignet ist für die, die ihren Weg sucht. Das Wichtigste in dieser wie in jeder anderen Beziehung auch bleibt die beiderseitige Freiheit, und es ist hilfreich, dies von Anfang an ernst zu nehmen – auch sich selbst gegenüber. Manchmal helfe ich einem Menschen mehr, wenn ich ihn weiterschicke, als ihn in eine Beziehung einzuladen, in der ich mich anders geben muss, als ich bin, und ihm oder ihr daher nicht ehrlich begegnen kann.

Katja

Als Katja das erste Mal in mein Büro kam, blieb sie sofort vor der großen Bücherwand stehen. Aufmerksam studierte sie die Buchrücken, registrierte die Titel der Themensammlung und konstatierte eine gewisse Unordnung, da nicht alle Bücher Platz in der für sie eigentlich vorgesehenen Regalabteilung fanden. Danach sah sich Katja im Zimmer um und wählte von zwei Stühlen jenen, der den Blick zur Tür frei ließ. Dass sie das bemerkte, sah ich ihrem Blick an.

Sie eröffnete das Gespräch, indem sie meine Bücherauswahl kommentierte, zu diesem und jenem Titel Stellung bezog, bei anderen nachfragte. Unversehens waren wir in einem hochinteressanten, ziemlich intellektuellen Diskurs, der mir Freude machte, mich aber auch unmerklich vereinnahmte. Ich spürte, dass Katja anfing, die Gesprächsfäden in die Hand zu nehmen, nahm wahr, dass ich in die Rolle der Antwortenden gelockt wurde, verführt, mein Wissen auszubreiten, was keineswegs der Inhalt einer Geistlichen Begleitung sein sollte, jedenfalls nicht gleich zu Beginn und nicht, weil die andere Person mich dazu verlockt.

So kam ich langsam, aber bestimmt wieder auf Katjas Besuch zu sprechen. Ich fragte sie ganz direkt, was sie denn zu mir geführt habe. Sie antwortete, dass sie sich einfach nach der Methode des Bibliodramas erkundigen wolle. Ob damit nicht alle Möglichkeiten der Manipulation und des Missbrauchs gegeben seien. Ob damit nicht das Wort Gottes verfälscht werde, das für sie allerdings keine andere als eine historisch interessante Bedeutung habe. Was überhaupt damit bezweckt werden solle, andere Menschen so »kindisch« spielen zu lassen.

So redeten wir also zunächst auf einer scheinbar ganz theoretischen Ebene über Chancen und Gefahren des Bibliodramas, beleuchteten Ausbildungswege und Leiterpersönlichkeiten. Immer wieder fragte sie, ob ich das auch so gelernt hätte, ob ich nicht Angst davor hätte, was das bei einzelnen Menschen vielleicht auslöste, ob ich selbst denn garantieren könnte, dass ich niemals einen Menschen manipulieren würde. Ich antwortete so wahrhaftig wie möglich, weil ich wusste, dass sie mich »testete«. Sie versuchte zu erkennen, ob sie mir wirklich trauen könnte. Irgendwann merkte ich, dass ich den Test »bestanden« hatte. Sie lehnte sich zurück, entspannte sich, begann fast übergangslos von ihrem Vater zu erzählen, dessen Krankheit sie belaste.

Wir verabredeten, dass sie sich wieder melden solle, wenn sie meinte, dass ihr das guttäte. Es war sehr deutlich, dass Katja unbedingt das Gefühl brauchte, die Regeln unserer Beziehung selbst zu bestimmen.

Gertrud

Als Gertrud das erste Mal mein Büro betritt, begrüßt sie mich scheu und schaut dabei auf den Boden, wie sie das meistens tut. Sie bleibt mitten im Raum stehen, wirkt wie ein Mädchen mit allzu strenger Erziehung und wartet schweigend, was jetzt geschehen würde. Ich bitte sie, Platz zu nehmen. Sie sieht die beiden Stühle, dreht sich unsicher nach mir um und fragt, wo denn mein Platz sei. Ich antworte, dass sie sich ihren Platz wählen könne, ich nähme dann den anderen Stuhl. Nach längerem Zögern setzt sie sich schließlich, bleibt dabei ganz am Rand des Sitzes und klemmt ihre Hände zwischen die Knie. Noch immer schaut sie nicht hoch, schien im Gegenteil immer kleiner zu werden und sich ganz in sich verkriechen zu wollen. Ich versuche, sie mit dem Erzählen gemeinsamer Reiseerinnerungen zu entspannen, was für Augenblicke auch gelingt. Sie lächelt, erzählt selbst in kurzen Sätzen einzelne Erinnerungen, wird dann wieder ganz ernst.

Vorsichtig frage ich sie, wie es ihr seit der Reise ergangen sei. Sie sagt leise, dass »es so furchtbar« sei. Sie beginnt von ihrem Mann zu erzählen, den sie liebt und der sie liebt. Und was für eine wunderbare Ehe sie führen könnten. Aber »er fängt immer wieder damit an, und dann ist es ganz furchtbar«.

Es bedarf schließlich nur noch einer kurzen Frage von mir, da bricht es aus ihr heraus. Ihr Mann trinkt, und sie haben schon alles versucht. Aber es hilft nichts, immer wieder trinkt er bis zur Besinnungslosigkeit. Es gibt keinen Grund dafür, die Kinder sind wohlgeraten, es gibt keine finanziellen Probleme, er hat einen guten und sicheren Arbeitsplatz. Aber immer wieder trinkt er, und sie kann nichts tun.

Plötzlich schreckt sie auf und bemerkt, dass sie nicht allein im Raum ist. In ihrer Not hatte sie meine Anwesenheit völlig vergessen. Nun erkennt sie, dass sie mir fast »aus Versehen« von ihrem Problem erzählt hat, und sie sinkt in sich zusammen. Sie schäme sich so, flüstert sie. Für ihren Mann, für sich selbst. Ob ich sie verurteilen würde? Erst als ich ihr mehrmals und eindringlich versichere, dass es erstens nichts zu verurteilen gibt und dass es zweitens – selbst wenn es etwas gäbe – auch nicht meine Aufgabe sei, entspannt sie sich etwas.

Sie erzählt nun deutlich flüssiger von der langen Suchterkrankung ihres Mannes. Das bleibt für die nächsten Treffen auch noch das beherrschende Thema. So viel Schmerz hat sich angesammelt, dass Entlastung durch einfaches Erzählen und Zuhören zunächst das Wichtigste ist.

Johannes

Johannes setzt sich gleich nach Betreten des Raumes auf den nächsten Stuhl, schaut sich auch nicht weiter um, sondern beginnt sofort das Gespräch. Er berichtet in geschäftlich-nüchternem Ton, welche Schritte er bisher unternommen habe, um seiner allgemeinen Verdrossenheit Herr zu werden. Er nennt Namen von geistlichen Lehrern, Bücher, die er gelesen hat, und erwartet nun eine konkrete Anleitung zur Sinnfindung. Was immer es ist, es soll auch möglichst nicht viel Zeit in Anspruch nehmen, denn gerade das habe er nicht: Zeit. Während er erzählt, wirkt sein Gesicht seltsam unbeteiligt, seine Stimme matt und eintönig. Er verbreitet eine bedrückte Atmosphäre, obwohl er logisch und verständlich redet. Aber redet er wirklich von sich? Oder von einem Bild, das er oder ein anderer von ihm hat und dem er entsprechen zu müssen meint? Ist es wirklich sein Leben, das er da lebt?

Ich frage ihn, ob es etwas in seinem jetzigen Leben gebe, das ihm richtig Freude macht, wo er das Gefühl habe, mit ganzem Leib und ganzer

Seele beteiligt und anwesend zu sein. Er muss lange überlegen. Fragt nach, weil er meint, meine Frage nicht verstanden zu haben. Ich versuche noch einmal, ihm eine Erinnerung an Glück oder Geborgenheit zu entlocken. Ob es Zeiten oder Augenblicke in seinem Leben gegeben habe, in denen er für Momente das gekostet habe, was er jetzt sucht.

Er kann sich nicht erinnern. Und während er meine Frage zu beantworten versucht, wird er plötzlich weicher, wirkt für Augenblicke wie ein Junge, der traurig und verloren in die Weite schaut. Er sei überhaupt nicht religiös erzogen worden (ich hatte nicht nach Religion gefragt, aber er brachte es in Zusammenhang mit seiner Suche nach Geborgenheit), wohl aber habe er immer der gute, gehorsame Junge sein müssen. Das sei ihm auch leichtgefallen – er sei ein sehr guter Schüler gewesen, habe seine Eltern geliebt, seine Eltern hätten ihn verwöhnt.

Ich frage, ob das Verhältnis zu seinen Eltern immer noch so unbelastet sei. Wieder scheinbar völlig unbeteiligt sagt er, dass seine Mutter gestorben sei, als er acht Jahre alt war. Danach habe er mit seinem Vater und seiner älteren Schwester lange allein gelebt. Seine ältere Schwester habe ihn vergöttert, ihn manchmal wie eine Puppe behandelt. Schließlich habe sein Vater eine andere Frau gefunden, und auch diese habe ihn mit Liebe überschüttet.

Sein Gesicht bleibt reglos, während er von seiner Kindheit erzählt. Ich frage ihn, ob er sich schon einmal intensiver mit dieser zurückliegenden Zeit seines Lebens beschäftigt habe. Überraschenderweise reagiert Johannes äußerst misstrauisch. Was diese Frage solle? Ob ich ihn für verrückt hielte?

In einem längeren Gesprächsgang versuche ich, deutlich zu machen, dass meine Frage eher eine Informationsfrage für mich gewesen sei, denn natürlich sind vorlaufende oder parallele psychotherapeutische Begleitungen für die Gespräche in der Geistlichen Begleitung wichtig, und diese seien meistens eine überaus wichtige, manchmal sogar notwendige Ergänzung.

Während der nächsten Treffen reden wir zunächst über das Wesen Geistlicher Begleitung und über die Unterschiede und Gemeinsamkeiten zur Psychotherapie. Nach einiger Zeit kommt Johannes selbst wieder auf seine Familie zu sprechen – und deutet ein ambivalentes Verhältnis zu seiner Stiefmutter an.

V. Die Zeit der Nähe

Die Gefahr der spirituellen Ausbeutung gerade in Geistlicher Begleitung ist groß und muss durch dieses »Sich-Verdanken« von den Begleitenden im Blick behalten und vermieden werden. Nur dann können jene, die sich anvertrauen, in aller Freiheit den Weg suchen, den Gott für sie vorsieht.

Wie in vielen anderen Beziehungen auch, kann es in der Beziehungsform der Geistlichen Begleitung gerade am Anfang eine Zeit ungestörter, ungetrübter Nähe geben. Wenn nach dem ersten Kennenlernen die Übereinkunft besteht, dass der gemeinsame Weg beginnen soll, investieren die Wegsuchenden oft ein großes, obwohl noch durch keine Erfahrung gerechtfertigtes Vertrauen – die Hoffnung, nun einen ganz großen Schritt weitergeführt zu werden, überwiegt die Sorge und Furcht, dass es unüberwindliche Schwierigkeiten geben könnte. Es ist wirkliches Vorschussvertrauen, ohne das man einen gemeinsamen Weg vielleicht auch nur schwer beginnen könnte.

So schön diese Zeit ist, so sorgsam muss gerade dabei miteinander umgegangen werden. Die Gefahr der »Glorifizierung« in dieser Anfangszeit ist oft enorm hoch. Manchmal sind die Suchenden, wenn auch sicher weitgehend unbewusst, bereit, vom Begleitenden wahre Wunder, schnelle Lösungen und die Behebung sämtlicher Mängel zu erwarten, die sie in ihrem Leben aushalten mussten, und sind darüber hinaus gern dazu bereit, den Begleitenden auch alle dafür notwendigen Fähigkeiten zuzuschreiben.

Hier müssen die Begleitenden sehr darauf achten, dass einerseits das Vertrauen gewürdigt wird, andererseits aber immer wieder darauf hingewiesen wird, dass nicht die/der Begleitende über lebens- und seelenrettende Fähigkeiten verfügt, sondern allein Gott. Gerade in dieser Anfangszeit wird die Relativierung der eigenen

Begleiterperson nicht immer von den Suchenden wahrgenommen. Es braucht vielleicht auch eine kleine Überhöhung, damit ein solches Vertrauen überhaupt möglich ist. Für die/den Begleitende/n aber ist es um der eigenen Menschlichkeit und Lauterkeit ihrer Begleitungstätigkeit existenziell wichtig, sich ihrer eigenen Verwiesenheit auf den Geist Gottes und ihrer menschlichen Gebrechlichkeit bewusst zu bleiben. Die Gefahr der spirituellen Ausbeutung gerade in Geistlicher Begleitung ist groß und muss durch dieses »Sich-Verdanken« von den Begleitenden im Blick behalten und vermieden werden. Nur dann können jene, die sich anvertrauen, in aller Freiheit den Weg suchen, den Gott für sie vorsieht.

Katja

Katja begann, mir Briefe zu schreiben. Sie füllte jeweils mehrere Seiten mit ihrer schönen Schrift, die neben der Klarheit und Zielbewusstheit auch eine Freude am Sinnlichen verriet, die sie sonst verbarg. Ihre Briefe waren ein Genuss, stilvoll und ausdrucksstark. Sie schrieb vor allem über ihren normalen Alltag – über ihr Betriebswirtschaftsstudium und ihren Nebenjob als Büroassistenz, über die sich schwieriger gestaltende Beziehung zu ihrem Freund, über Bücher, die sie las. Offensichtlich wollte sie, dass ich Einblick in ihr Leben bekam. Dabei übermittelte sie die Informationen mit Charme und literarischem Witz, dass darunter die eigentlichen Inhalte ihrer Briefe fast in den Hintergrund traten. Ich ertappte mich dabei, dass ich auf diese Briefe zu warten anfing, bis ich bemerkte, dass dasselbe Muster einsetzte, das ich auch schon im Einzelgespräch und im Kurs wahrgenommen hatte: Hinter einer perfekten und anspruchsvollen Verkleidung versteckte sich eine junge Frau, die Ansprache und vielleicht sogar ein bisschen Ermutigung und Wärme suchte.

Schließlich rief ich sie an, dankte ihr für die Briefe und fragte sie, ob wir uns nicht einmal treffen könnten – es gebe viel zu besprechen, aber ich sei eine sehr nachlässige Briefschreiberin, was leider wahr ist. Sie willigte sofort freudig ein, spürbar erleichtert, dass ich ihr diesen Schritt abnahm.

Bei unserem nächsten persönlichen Gespräch hatten sich ihre Haltung und ihr Reden verändert. Sie wirkte weicher, offener, die Worte klangen nicht mehr examinierend, sondern tastend. Ich fragte sie, wie es ihrem Vater ginge, und erhielt die Nachricht, dass es ihm schlecht ginge und sie selbst, Katja, anfinge, an sich die gleichen Symptome zu beobachten, unter denen ihr Vater litt. Sie wusste, dass sie körperlich gesund war, aber dennoch fühlte sie sich oft genauso schlecht wie er.

Und sie begann, intensiv über die Beziehung zu ihrem Vater zu erzählen, der sie von klein auf zu seinem Liebling erkoren habe. Die Beziehung zu ihm würde sie wie kaum etwas anderes bestimmen, und obwohl sie wüsste, dass das ihrem Freund gegenüber ungerecht sei, könne sie nichts daran ändern.

Ich fragte nach der Mutter, die in ihren Erzählungen nicht vorkam. Sie schien etwas verwirrt, bemerkte dann, dass ihre Mutter auch tatsächlich nicht in ihrem Leben vorkam, obwohl diese mit ihrem Vater zusammenlebte, ihn versorgte und durchaus die Rolle der Ehefrau innehatte. Für Katja war das nicht wichtig. Sie hatte das Gefühl, dass sie allein für den Vater verantwortlich sei und diese Last ihr eigentlich zu groß sei.

Ich fragte sie, ob sie sich mit dem Thema »Tod« schon auseinandergesetzt habe – ihr Vater sei immerhin schwer krank, es wäre ja nicht auszuschließen ... Genau das sei ihre Angst. Sie habe Angst vor dem Tod, vor dem Sterben, vor allem, was sterben kann, deshalb hasse sie auch ihren Körper und müsse sich gleichzeitig ständig um ihn kümmern.

Schließlich fragte ich sie, ob sie eine Beziehung zu Gott habe – dem Schöpfer des Lebens und des Todes, zu einer wirkenden Macht, die auch sie, Katja, gewollt, erschaffen und geboren habe und sie bis heute am Leben erhielte – und die wir Christen uns nicht nur abstrakt vorstellen, sondern mit innigen Namen anreden würden.

Katja zögerte. Sie habe einmal an Gott geglaubt, früher als Kind. Aber dann sei dafür kein Platz mehr gewesen. Ihre ganze Liebe habe sie ja ihrem Vater gegeben und da brauche sie eigentlich nicht noch einen Vater.

In den folgenden Gesprächen begannen wir, über Gottesbilder zu reden, und ich ermutigte sie, ihrer eigenen Sehnsucht zu folgen und diesen

Gott mit Worten anzusprechen, die ihr heute helfen würden. Wir suchten und fanden biblische Texte, in denen die Gegenwart Gottes mit anderen Bildern beschrieben wird als dem des Vaters oder auch der Person Jesu Christi. Katja begann, nach den Müttern und den mütterlichen Bildern in der Bibel zu suchen. Bald fand sie heraus, dass die gänzliche Abwesenheit ihrer eigenen Mutter in ihrem Bewusstsein ihr ein tiefes Gefühl von Einsamkeit und Unbehaustheit hinterlassen hat. Sie selbst meinte, ihrem Vater »Frau und Mutter« sein zu müssen, ahnte aber zugleich, dass das nicht ihre Aufgabe als Tochter neben ihrer leiblichen Mutter sein konnte. So geriet sie in eine lähmende Unklarheit, ihre eigene Person betreffend, und fand den Ausweg, in dem sie sich gleichsam »entleibte«. Als »reiner und nahezu beziehungsloser« Geist fand das Leben nur noch in ihrem scharfen Intellekt statt, während das Mädchen Katja sich vergeblich nach Schutz, Wärme und vor allem einem weiblichen Vorbild für ihre eigene Identität sehnte.

Katja fand Zugang zu dem Wort aus dem Propheten Jesaja: »Wie eine Mutter will ich euch trösten.« Gott beschreibt sich in den Worten des Propheten darin selbst mit starken, sehr lebensvollen Bildern als Mutter, die ihre Tochter, ihr Volk und ihre Stadt gebiert, tröstet, nährt. Katja begann, Bilder zu malen von diesem mütterlichen Gott. Hier zeigte sich sofort, was ihre Handschrift erahnen ließ: Sie verfügte über eine starke künstlerische Ausdruckskraft, ihre Bilder waren zärtlich und lebendig, kraftvoll und erotisch, kindlich und zugleich archaisch schön. Vor allem aber bedeutete das Malen dieser »Mütter« der jungen Frau selbst sehr viel. Indem sie malte, was in ihrer eigenen Seele schlummerte, konnte sie diese in ihr selbst wohnende Kraft aufrufen, entäußern und »gebären« und sich ihrer im Alltag zumindest manchmal bedienen.

In der Rückbindung dieses »inneren Wissens« an Worte der Bibel ermunterte ich sie, sich selbst ein Gebet zu schreiben, mit dem sie Gott ansprechen könnte und IHN – oder SIE – in ihren Alltag vergegenwärtigen könnte. Das tat sie. Sie entwickelte für sich selbst eine ganze Tagesliturgie und räumte ihrer Gottsuche einen Teil ihrer Zeit ein.

Gertrud

Nachdem Gertrud angefangen hatte, über die Alkoholkrankheit ihres Mannes zu reden, waren mehrere Gespräche ausschließlich von diesem Thema bestimmt. Dabei erzählte sie den Verlauf ihrer nahezu 25-jährigen Ehe, wie gut alles angefangen habe, wie sehr sie sich geliebt und wie glücklich sie über die Geburt ihres ersten Kindes, eines Mädchens, gewesen wären. Immer wieder kreisten Gertruds Schilderungen um die Exzesse, zu denen ihr Mann sich in den Phasen der Trunkenheit hinreißen ließ. Nur ganz selten griffe er sie auch tätlich an, aber viel schlimmer als diese seltenen Schläge sei es, seine Verzweiflung zu ertragen, die sich in betrunkenem Zustand so ungehemmt äußere. Und jedes Mal danach sei ihm das alles so entsetzlich peinlich, dass schon allein deshalb ein Gespräch darüber nicht möglich sei – er blockiere entsprechende Versuche.

Ich fragte sie, worüber ihr Mann denn so verzweifelt sei und ob es einen Auslöser für die Erkrankung gegeben habe. Sie zögerte, dann sagte sie, es wäre bald nach der Geburt ihres zweiten Kindes gewesen. Von einem zweiten Kind hatte sie bisher nichts erzählt. Auf meinen fragenden Blick hin erzählte sie, dass das zweite Kind, ein Sohn, im achten Schwangerschaftsmonat gestorben sei. Er sei sehr klein gewesen, vielleicht wäre er auch behindert auf die Welt gekommen, da sei sie sich nicht sicher. Sie und ihr Mann wären damals wie erstarrt gewesen, denn niemand hatte sie auf diese Gefahr hingewiesen. Sie hätten dann stillschweigend verabredet, nicht mehr »darüber« zu sprechen. Denn es gab ja noch die kleine Tochter, beide hätten ihren Beruf gehabt, es wäre alles gut gewesen. Dass ihr Mann zu trinken angefangen habe, sei ihr erst viel später bewusst gewesen. Es sei am Anfang auch nicht viel und nicht oft gewesen, aber dann plötzlich unkontrollierbar.

In den folgenden Gesprächen fragte ich sie, ob sie für ihren totgeborenen Sohn einen Namen und eine Grabstelle gefunden hätte. Beides verneinte sie. Wir verließen für eine Zeit lang die Alkoholkrankheit ihres Mannes und begannen, über das Kind zu reden. Es wurde schnell deutlich, wie groß die Trauer auch noch nach all den Jahren auf Gertrud lastete und in ihrem Leben Raum beanspruchte, da sie niemals nach außen gezeigt und gelebt werden durfte. Wir sprachen darüber, dass selbstverständlich auch kleine Kinder eine Seele hätten und in der Herrlichkeit geborgen wären, nach ihrem Tod ebenso wie vor ihrer Geburt. Gertrud sagte, dass sie sich seit dem Tod ihres Kindes minderwertig gefühlt habe, weil sie nicht in der Lage gewesen sei, dieses Kind gesund zur Welt zu bringen. Darüber sei sie zunächst in eine Depression verfallen, als aber ihr Mann zu trinken angefangen habe, habe sie ihre eigenen Probleme beiseitezuschieben versucht, um ihm beizustehen.

Gertrud und ich sprachen viel über den unbegreiflichen Willen Gottes und darüber, dass Kinder uns anvertraut seien, nicht aber unter unsere Verfügungsgewalt gestellt sind. Und dass es diesem unbegreiflichen, aber souveränen Willen Gottes anheimgestellt werden muss, dieses Kind auch wieder zu sich zu rufen. Die Vorstellung, dass der Tod des Kindes auf Gertruds Unfähigkeit zurückzuführen sei, ist nicht nur extrem belastend, sondern stellt auch die Souveränität Gottes in Frage – der ja in den völlig unwillkürlichen Prozessen einer Schwangerschaft wirkt, wenn diese Schwangerschaft nicht durch massive menschliche Eingriffe gestört wird.

Ganz allmählich gelang es Gertrud, dies zu akzeptieren und außer dem eigenen Schuldgefühl noch etwas anderes zu fühlen. Dahinter verbarg sich unendlich viel Schmerz, waren viele nichtgeweinte Tränen, laute Klagen und auch Anklagen gegen Gott. Es tat ihr gut, dass sie so ungehemmt reden, klagen und schreien durfte. Wir fanden mehrere biblische Geschichten, die genau solche Situationen beschrieben und in die Gegenwart Gottes stellten.

Schließlich fragte ich sie, ob sie für ihren Sohn einen Gedenkort finden wolle. Denn selbst wenn die sterblichen Überreste des Kindes nicht mehr vorhanden waren, sei es doch möglich, einen bestimmten Ort zu finden, an dem die eigene Seele sich bewusst mit einem Verstorbenen in Beziehung setzen kann. Alle Gräber haben über das Bergen der Leichname hinaus auch wesentlich diese Funktion.

Sie nahm diesen Gedanken dankbar auf, gemeinsam entwickelten wir eine kleine Liturgie, mit der sie diesen Ort zu einem Gedenkort machen wollte. Sie erzählte auch ihrem Mann und ihrer Tochter davon, lud beide ein, sich einzubringen in diesen Versuch, den totgeborenen Sohn in das Bewusstsein der Familie aufzunehmen und einzubinden in das gemeinsame Leben unter dem Schutz Gottes. Mann und Tochter unterstützten die Mutter, was sie sehr glücklich machte. Gertrud erzählte, dass sie sich zum ersten Mal seit Jahrzehnten wieder als Mutter fühlte, sich selbst die Erlaubnis dazu gab, in der neuen Beziehung zu ihrem Sohn die eigene Kraft als Mutter wieder zu fühlen. Sie war tief bewegt und sagte, dass sie sich nun mit Gott in »gutem Gespräch« befände – wie von »Mutter zu Mutter«.

Aus dieser wiedergefundenen Mutter-Identität gewann sie auch eine neue, sichere Position ihrem Mann gegenüber. Der nächste Schritt in der Begleitung war dann der Versuch, ihr die eigene Verstrickung in die Sucht ihres Mannes bewusst zu machen.

Johannes

Johannes begann im Laufe der ersten Gespräche immer mehr, unsere Beziehung – also seine zu mir als Begleiterin und meine zu ihm als dem, der Begleitung suchte – zu thematisieren. Dabei wurde bald ein grundsätzliches und tiefes Misstrauen deutlich, das durch die Tatsache, dass er selbst den Kontakt zu mir gesucht hatte, nicht ausgeräumt wurde. Wiederholt wies ich ihn darauf hin, dass unser Verhältnis allein von Freiheit – und von dem Willen und der Gegenwart Gottes, so gut wir ihn eben vernehmen könnten – getragen sei. Dass er also jederzeit die Freiheit habe, den gemeinsamen Weg auch wieder zu beenden, und dass das gar nichts Verbotenes oder Schlimmes sei.

Auf diese beiden Worte reagierte er erstaunt, als erinnerte er sich an etwas: verboten und schlimm. Das waren Worte, die ihm seltsam vertraut waren, so als hätten sie lange Zeit prägend zu seinem Leben gehört. Schließlich begann er zögernd, von seiner Stiefmutter zu erzählen. Sie hatte ihn, den heranwachsenden Jungen, in einer Weise umhegt, verwöhnt und verzärtelt, die sie selbst als »verboten« bezeichnet habe – ohne aber deswegen davon abzulassen. Vielmehr habe sie ihn immer wieder als »einen ganz Schlimmen« bezeichnet, weil er sie allein durch seine erwachende Männlichkeit zu solch »verbotener Bevorzugung« führte. Je länger Johannes von seiner Beziehung zu seiner Stiefmutter erzählte, desto leiser wurde seine Stimme, desto ausdrucksloser sein Gesicht. Schließlich sagte er kaum vernehmlich, dass er eigentlich alle Frauen hasse, aber irgendwie auch nicht von ihnen lassen könne.

Spätestens an dieser Stelle wurde deutlich, dass Johannes dringend eine psychotherapeutische Begleitung brauchte, mit Hilfe derer er sich seiner Familienverstrickung bewusst werden und sich von ihrem Einfluss befreien könnte.

In der Geistlichen Begleitung fragten wir nach seinem Gottesbezug, nach der Möglichkeit, die Geborgenheit und Freiheit, die er in seiner Kindheit nicht erfahren hatte, in der Gegenwart Gottes zu erleben. Das war für ihn sehr schwer, weil er erfüllt war von einem tiefen Schamgefühl und sich nicht vorstellen konnte, dass er einem väterlichen Gott begegnen könnte. »Ich habe doch meinen eigenen Vater betrogen, wie kann ich dann zu Gott gehen?« Die offenen Arme des Vaters in der Perikope[1] vom Barmherzigen Vater beziehungsweise dem Verlorenen Sohn war wenig hilfreich, weil sich Johannes zu dieser Zeit ausschließlich mit der negativen Konnotation des jüngeren Sohnes verbinden konnte. Es war für ihn noch nicht möglich, sich die Umkehr zu einem Vatergott vorzustellen. Auch das Bild von Gott als »Mutter« nützte nicht viel. Immer kam ihm die Erfahrung mit der eigenen Stiefmutter in den Sinn, eine Loslösung davon und Öffnung hin zur unermesslichen Weite Gottes war ebenfalls noch nicht möglich. Allein Jesus Christus als menschgeborener Gott war für ihn eine hilfreiche Vorstellung: Das Bild des Bruders war in seiner eigenen Familiengeschichte noch nicht besetzt, und er begann, mit diesem Bild und dieser Anrede zu leben, und fand immerhin so viel Trost und Halt darin, dass er sich langsam mit dem Gedanken anfreundete, das Gespräch mit einem Psychotherapeuten – ich empfahl ihm ausdrücklich einen Mann – zu suchen.

VI. Die Zeit der Enttäuschung

Selbstverständlich ist es legitim, wenn der und die Gottsuchende diese Gegenwart Gottes zunächst auch in den Worten und in der Person der/des Begleiter(s)/in zu finden hofft.

Das Ziel aber ist nicht die/der Begleiter/in, sondern die Beziehung zwischen Gott und dem Menschen auf dem Weg – und das gilt für beide.

Die Nähe des Anfangs lebt selbstverständlich auch von Bildern, die sich jene, die um die Begleitung bitten, von den Begleitenden machen. Und das ist ebenso unvermeidlich wie – zumindest in der Anfangszeit – nötig. Es ist unvermeidlich, weil die Person der/des Begleiter(s)/in noch gar nicht wirklich bekannt ist und diese »weiße Fläche« natürlich ausgefüllt wird mit Vorstellungen – über ihren Charakter insgesamt, ihre Vorlieben und Abneigungen, ihre eigene Geschichte. Und da die Entscheidung nun gerade für diese/n bestimmte/n Begleiter/in gefallen ist, werden das natürlich positive Bilder sein, die das schon benannte Vorschussvertrauen rechtfertigen. Dieses Vertrauen ist wesentlich, um miteinander und in der Gegenwart Gottes hören zu können. Es hilft hinweg über eventuelle kleinere Missverständnisse, die vielleicht durch einen bestimmten Sprachgebrauch auftreten können, auch über die oftmals große Unsicherheit, die sich gerade im Blick auf spirituelle Fragen zeigt. Nur wenige Menschen pflegen heute noch über Gott und ihre Erfahrungen mit ihm zu reden. Immer mehr Menschen haben es sogar niemals gelernt und daher auch im Einzelgespräch eine große Scheu, sich die Sehnsucht danach überhaupt einzugestehen und dafür auch noch Worte zu suchen und sich ihnen anzuvertrauen.

Da hilft es, wenn die/der Begleiter/in als eine Art »Führer/in ins Ungewisse« zunächst einmal vorbehaltlos angenommen wird und ihr/ihm die entsprechenden Fähigkeiten unbedingt zugetraut werden.

Schwierig wird es dann, wenn die/der Begleitete, obgleich sicher völlig unbewusst, nicht mehr zwischen Gott, sich selbst und ihrer/seinem Begleiter/in unterscheidet. Auch das ist gerade am Anfang bis zu einem bestimmten Grad »normal« – und es ist die wesentlichste Aufgabe in der Begleitung, den Blick der/des Suchenden immer wieder von sich selbst weg hin auf den lebendigen und menschgewordenen Gott zu lenken. Das unterscheidet die Geistliche Begleitung von der Psychotherapie: Sie weiß sich immer im Spannungsfeld eines Trialogs zwischen der/dem Begleiteten, der/dem Begleitenden und der Gegenwart Gottes angesiedelt.

Immer wieder muss es eine Erinnerung daran geben, dass die »Erlösung« nicht von der/dem Begleiter/in zu erwarten ist, sondern von Gott und der Fähigkeit der/des Begleiteten, Wort und Trost Gottes selbst zu vernehmen. Die/der Geistliche Begleiter/in hilft lediglich dabei, diese »Hörfähigkeit« zu unterstützen, vielleicht sogar erst darauf aufmerksam zu machen und stellvertretend zu hören – auf die/den Begleitete/n, auf Gott wie auf sich selbst, damit nicht ihr/sein eigener Wille dem erbetenen Willen Gottes zuwiderläuft und diesen verdeckt.

Es ist deshalb wichtig, möglichst bald und im Schutz der anfänglichen besonderen Vertrautheit Formen geistlichen Lebens einzuüben, die der/dem Begleiteten auch und gerade dann zur Verfügung stehen, wenn die begleitende Person nicht verfügbar ist oder wenn sich die Beziehung verändert – was sie im Laufe des Weges auch tun muss, da sie ja die Veränderung eines Menschen begleiten will.

Diese Formen geistlichen Lebens sind jeweils neu und entsprechend der/dem Begleiteten zu finden. Es geht um Rituale im Alltag, die von festen Gebets- und Meditationszeiten am Tag über die Lektüre der Heiligen Schrift und geistlicher Texte bis hin zu ganz freien und kreativen Übungen reichen können. Aber die alte Weisheit »Halte deine Übung, dann hält sie dich« ist zeitlos gültig und kann in der Kraft Gottes eine Stütze sein, wenn die Beziehung zur Geistlichen Begleiterin sich verändert, möglicherweise Enttäuschungen mit sich bringt.

Diese Enttäuschungen sind in Maßen – genau wie bei jedem guten Entwicklungsweg – durchaus absehbar und auch gewollt. Gewollt deshalb, weil es im Laufe des Weges nötig wird, sich selbst aus der Beziehung wieder ein Stück herauszunehmen, damit der Raum im Herzen der Wegsuchenden für Gott freier wird. Bei einer starken emotionalen Bindung seitens der/des Begleiter(s)/in ist dieser freie Herzraum möglicherweise eher mit den Gedanken und Gefühlen über die Begleiterin gefüllt als mit Gedanken und Gefühlen über den, dem doch die Suche gilt. Mit einem anderen Bild ausgedrückt: Der, der den Mond sucht, sollte nicht auf den Finger schauen, der auf den Mond weist, sondern in den Himmel selbst. Johannes der Täufer weist konsequent von sich selbst weg und hin auf das Lamm Gottes, Jesus Christus, und geht so weit, dass er seine Jünger von sich fortschickt, hin zu ihm. Und Jesus Christus, obwohl selbst der Sohn Gottes, verweist immer wieder auf den Gott und sagt seinen Jüngern, dass sie nicht auf ihn, sondern auf die Worte der Schrift und den Einen Gott, seinen Vater, schauen sollen.

Selbstverständlich ist es legitim, wenn der und die Gottsuchende diese Gegenwart Gottes zunächst auch in den Worten und in der Person der/des Begleiter(s)/in zu finden hofft, und es ist ein Geschenk des Heiligen Geistes, wenn sie diese zumindest gelegentlich nicht völlig vergeblich suchen. Das Ziel aber ist nicht die/der Begleiter/in, sondern die Beziehung zwischen Gott und dem Menschen auf dem Weg – und das gilt für beide.

Es kommt also irgendwann zu einer Phase der Loslösung, und wie zwischen Eltern und Kindern geht das manchmal nur, indem das Idealbild, das die/der Suchende sich von ihrer/seinem Begleiter/in aufgebaut hat, langsam demontiert wird. Und das kann durchaus wehtun – und zwar beiden. Da ist es Aufgabe der Geistlichen Begleitung, dem Begleiteten zugewandt zu bleiben, sich nicht von eigenen spontanen Gegenreaktionen leiten zu lassen, sondern in guter und doch liebevoller Distanz den ganzen Weg im Blick zu behalten und die/den Fragende/n und Ringende/n zur Freiheit zu ermutigen – ohne ihr/ihm dabei die Unterstützung und Zuwendung zu versagen.

Das wird nicht immer gelingen, Begleiterinnen sind ja auch nur Menschen, Gott sei Dank. Aber manchmal hilft es, innerlich ein Stück zurückzutreten und zu erkennen, dass gerade diese etwas anstrengende Phase lebensnotwendig ist.

Katja

Die junge Frau begann, immer offener über ihre Geschichte zu sprechen. Über die schwierige Ehe, die ihre Eltern führten, über ihre an sich schöne Schulzeit, über die gescheiterte Beziehung zu einem älteren Mann, der sie sexuell ausgebeutet hatte, als sie gerade erst 15 Jahre alt war. Seitdem hatte sie sich ganz auf ihre Existenz als intellektuelles, aber körperloses Wesen zurückgezogen, hatte ihren Vater zum Mittelpunkt ihres Lebens erkoren und spürte doch, dass ihr etwas ganz Wesentliches fehlte. Im Gespräch und in der Meditation fand sie Zugang zu ihrer Körperlichkeit, begann wahrzunehmen, dass sie bewusst und absichtlich als Frau erschaffen worden war – noch dazu als eine sehr schöne – und dass es erlaubt und wunderschön und gottgewollt ist, dass sie sich an dieser Weiblichkeit und ihrem Körper erfreut. Wir machten bestimmte Körperübungen und leiteten Meditationswege ein, die ihr auf diesem Weg helfen konnten, und sie nahm an mehreren Kursen teil, die größtenteils aus Leibesübungen, Tanz und Bewegung bestanden. In den Kursgruppen öffnete sie sich allmählich, begann über sich und ihre Geschichte zu sprechen und unterließ die andauernde Bewertung anderer.

Ihre Telefonate und Briefe häuften sich. Immer öfter bat sie um einen Termin, manchmal wollte sie eigentlich nichts Bestimmtes, sondern nur ein bisschen plaudern, mal einen Kaffee trinken, fragte nach meinen eigenen Erlebnissen, nach meinem Leben. Schließlich begann sie zu fragen, warum wir uns nicht häufiger treffen könnten, vielleicht auch einmal etwas miteinander unternehmen könnten. Ich erinnerte sie daran, welcher Art unsere Beziehung sei. Ich schätzte sie sehr, hatte hohe Achtung vor dem Mut, mit dem sie ihren Weg ging. Ich sagte ihr, dass ich mit ihr mitfühlen würde, aber ich nicht ihre Freundin sei. Sie war darüber enttäuscht, fühlte sich trotz meiner größtmöglichen Behutsamkeit zurückgewiesen. Ich ermutigte sie, über ihre Enttäuschung zu reden – mit mir, mit anderen, mit Gott. Und ich bot ihr an, gemeinsam mit mir noch einmal hinzuschauen, was sie denn eigentlich jetzt in diesem Lebensabschnitt brauchte. Denn nur weil ich ihr diesen Wunsch nicht erfüllen könnte, hieße es ja nicht, dass der Wunsch als solcher nicht berechtigt sei.

Sie konnte das akzeptieren, zog sich aber doch merklich zurück. Ich spürte ihr tapferes Bemühen, freundlich und sachlich mit dem Thema »Distanz« umzugehen, und nahm zugleich ein Mädchen wahr, dass sich ängstlich mit der Aufgabe konfrontiert sah, ihren Weg als Erwachsene verantwortlich zu gestalten.

Genau diesen Schritt hatte sie bisher in ihrem Leben nicht getan, auch nicht tun können. Durch die Gewalterfahrung, die sie als Jugendliche erlitten hatte, kam sie nie mit ihrer eigenen Kraft in Verbindung, die sie nun für diesen Schritt brauchte. Wir sprachen über die Perikope, in der Jesus die Tochter des Jairus aus ihrem frühen Todesschlaf erweckt und dafür sorgt, dass sie zu essen bekommt – dass also ihre leibliche Existenz als junge Frau gestärkt wird. Wir lasen die Auferstehungsgeschichte mit Maria von Magdala am Grab, in der so viel von Abschiednehmen und dem Erwachen in eine neue Wirklichkeit des Erkennens gesprochen wird.

Schließlich verabredeten wir, dass sie zu einer Körpertherapeutin gehen würde, die sie dabei unterstützen sollte, wieder in Kontakt mit ihrem Körper zu treten. Diese Parallelbegleitung tat Katja und auch unserem gemeinsamen Weg sehr gut. Sie stellte fest, dass es auch noch andere Menschen gab, die sie trotz und gerade aufgrund ihrer schwachen und verletzten Seiten ernst nahmen und unterstützten, und sie konnte langsam ihr allgemeines Misstrauen abbauen. In dieser Zeit nahm unser Kontakt bis auf sporadische Mitteilungen ab, aber diese suggerierten mir, dass sie sich auf einem guten Weg befand und ich sie im Gebet begleiten konnte.

So hilfreich es für Gertrud war, nun endlich über ihr totes Kind sprechen zu können und es der Barmherzigkeit Gottes anzuvertrauen, so wenig änderte sich dadurch an ihrer Beziehung zu ihrem Mann. Nahezu jedes Mal, wenn wir uns trafen, erzählte sie ähnliche Dinge: Dass er getrunken habe, dass er sich danach dafür entschuldigt habe, dass sie selbst sehr zornig gewesen sei, ihm aber diesen Zorn gar nicht zeigen konnte, weil er ja ohnehin schon so schuldbewusst war, dass sie sich gegenseitig versprachen, nun aber ein neues Leben anzufangen – und dass dieses Versprechen jedes Mal gebrochen wurde. Mit leichten Abweichungen beherrschte dieser Kreislauf ihre Ehe seit Jahren, Jahrzehnten. Ihr Mann habe zwei Entziehungsversuche hinter sich, die leider beide nach kurzer Zeit zu einem Rückfall geführt hätten.

In unseren Gesprächen versuchte ich, langsam ihr Augenmerk auf ihre eigene Verstrickung in der Sucht ihres Mannes zu lenken. Gertrud hatte zwar auch schon einmal eine Gruppe von Betroffenen besucht, sich dort aber so geschämt, dass sie es nicht wagte, sich aktiv an der Gruppe zu beteiligen, und nach zwei, drei Sitzungen auch nicht mehr hingegangen ist. Wir sprachen noch einmal über das Thema »Schuld« und »Schuldgefühl«, lasen Texte, in denen von der Vergebung unserer Schuld geschrieben steht, gingen in Gedanken und in Meditationen den Weg Jesu nach, der unsere Schuld, wo sie denn wirklich vorhanden ist, gesühnt hat. Ganz anders gestaltet sich der Umgang mit Schuldgefühlen, die zunächst ein psychologisches Problem sind und nur selten auf einer wirklichen Schuld beruhen.

Gertrud buchstabierte diese Unterscheidung für die diversen Bereiche durch, in denen sie sich schuldig fühlte, und spürte eine große Entlastung darin. Auf dem Hintergrund dieser Unterscheidung lenkte ich dann ihr Augenmerk allmählich auf die Möglichkeit, dass sie durch ihr gut gemeintes, unterstützendes Verhalten die Suchterkrankung ihres Mannes stabilisierte. Das überraschte sie sehr, und sie fragte nach. Das Thema Co-Abhängigkeit war ihr in all den Jahren noch nicht begegnet, und zunächst nahm sie es mit großem Interesse auf, las viel darüber, beobachtete sich selbst und bestätigte die Beschreibungen. Sie sah ein, dass sich die Sucht ihres Mannes mit ihrer Bereitschaft, die Situation zu ertragen, verbunden hatte und es für ihren Mann auf diese Weise keinen wirklich zwingenden Grund gab, seine Erkrankung zu überwinden. Natürlich waren die Zeiten, in denen er trank, für beide entsetzlich. Aber ganz offensichtlich war die (unbewusste) Angst vor einem Leben ohne Alkohol noch größer, so dass sie das »kleinere Übel« vorzogen. Dass diese Sicht die tatsächliche Situation genau verdreht und verkennt, dass die Sucht tödlich sein kann, in jedem Fall aber das Leben zutiefst verhindert, ist ja eben ein Teil der Suchterkrankung.

Wir fragten uns, welche Angst, welcher Schmerz, welche Sehnsucht hinter ihrer beider Sucht steckt. Auffällig war natürlich der Beginn der Erkrankung bald nach der Totgeburt ihres Sohnes, und für einen Moment kam die Vermutung auf, dass die Sucht das Kind ersetzen musste. Davon zu lassen würde bedeuten, auch dieses »gemeinsame Kind«, dieses Thema, um das sich ihrer beider Leben drehte, loslassen zu müssen. Und was verband sie dann noch? Zudem hatte Gertrud große Angst davor, ihren Mann zu verlieren, wenn sie ihn ernsthaft unter Druck setzen würde, etwa mit der ernst gemeinten Alternative, zwischen ihr und dem Alkohol zu wählen.

Gertrud sah ein, dass nicht nur ihr Mann, sondern auch sie selbst dringend professionelle Hilfe brauchte. Sie verstand das Prinzip der Co-Abhängigkeit, begriff, dass ihre Lage gar nicht so aussichtslos war, wie es zunächst erschien, und dass sie ja einen starken »Verbündeten« hatte – den gnädigen und barmherzigen Gott, der zutiefst das Leben will – auch für sie und ihren Mann.

Aber trotz dieser Erkenntnis fiel es Gertrud unendlich schwer, sich aus der Verstrickung so weit zu lösen, dass sie aktive Schritte unternehmen konnte. Es fiel ihr unendlich schwer, aufzuhören mit dem immerwährenden Kreislauf von Klage und Hoffnung. Andauernd erzählte sie in gleicher Weise von ihrem ehelichen Alltag, schaffte es aber nicht, ihren Mann darüber in Kenntnis zu setzen, dass sie jetzt weiterführende Hilfsangebote suchen würde. Ihre eigene Co-Abhängigkeit war in all den Jahren so stark geworden, dass auch sie die Kontrolle über ihr Verhalten in diesem wesentlichen Bereich verloren zu haben schien.

Schließlich geriet ich in die Situation, nun meinerseits auf die Ebene unserer Beziehung – nämlich die einer Geistlichen Begleitung – achten zu müssen. Unversehens wurde auch diese Beziehung ein Teil des »süchtigen« Systems. Gertrud beklagte sich und konnte sich ungehindert bei mir aussprechen, ging in dieser Weise erleichtert nach Hause, ertrug ihren Mann und seine Trunkenheit, weil sie wusste, dass sie sich danach wieder bei mir davon entlasten konnte. So wurde die Geistliche Begleitung zum Gegenteil dessen, was sie sein will, und so führte sie nicht in ein Leben in Freiheit und in die Wahrnehmung der Gottesliebe, sondern stabilisierte ein lebensverneinendes Prinzip.

Es fiel mir nicht leicht, aber nun musste ich genau das tun, was ich von Gertrud verlangt hatte: Ich musste sie vor die gleiche Wahl stellen, vor die sie über kurz oder lang auch ihren Mann stellen müsste: Entweder würde ich die Begleitung beenden oder Gertrud musste den nächsten Schritt in Richtung Entzug gehen. Selbstverständlich mit Gottes Hilfe und meiner Unterstützung, wenn sie das wollte, aber sie musste den Weg selbst gehen.

Dieser Moment ist ein sehr sensibler Punkt. Denn einerseits soll nicht der Eindruck entstehen, dass die/der Begleitete wegen moralischen Fehlverhaltens zurückgewiesen wird – das würde ja ihre ohnehin wirksamen Schuldgefühle nur bestärken. Es muss auch darauf geachtet werden, dass bei so einem klaren Schnitt nicht die beleidigte oder gekränkte Seele der Begleiterin sich heimlich eine kleine »Genugtuung« verschafft: »Du tust nicht, was ich dir sage, also beende ich jetzt den Kontakt.« Was hier so selbstverständlich klingt, ist es in der Praxis nicht. Auch Begleiter/innen sind gebrechliche Menschen mit Stärken, aber auch Schwächen, und gerade die Begleitung von Menschen mit einer Suchtproblematik oder mit Persönlichkeitsstörungen kann die Grenzen der eigenen Professionalität schnell und manchmal unbemerkt erreichen. Daher ist es besonders in Situationen wie der oben beschriebenen so wichtig, sich selbst und die eigenen Gefühle gut im Blick zu behalten und ansonsten das Erbarmen Gottes zu erbitten für all das, was wir aufgrund unserer Menschlichkeit selbst verschulden.

Gertrud reagierte erschrocken, als ich ihr meine Gedanken mitteilte. Ich erklärte ihr genau, warum ich die Art unserer Beziehung nicht mehr für hilfreich hielt und was ich ihr stattdessen an weiteren Schritten vorschlagen könnte. Und wieder versicherte sie mir, dass sie genau verstünde, was ich meine, es auch akzeptieren könne – dass sie aber einfach Angst habe. Wir sprachen über die Angst, wir lasen biblische Geschichten, in denen Angst eine große

Rolle spielt, besonders verweilten wir bei Jesus Christus in Gethsemane, der seine existenzielle Angst seinem und unserem Gott zumutet und anvertraut. Schließlich wagte sie es, sich in einer therapeutisch begleiteten Gruppe von Co-Abhängigen anzumelden.

Johannes

Der gemeinsame Weg mit Johannes ging eine Zeit lang friedvoll und harmonisch weiter. Er fand einen Therapeuten, mit dem er seine Familiengeschichte genauer betrachten und sie langsam in ihrer ganzen Tragweite annehmen konnte. Währenddessen übte er sich in verschiedene Meditationsformen ein, die ihm auch zur Stabilisierung in manch schwierigen Alltagssituationen und Therapiezeiten dienten. Er interessierte sich sehr für die Traditionen der Geistlichen Übungen, die gerade in der christlichen Tradition über Jahrhunderte gepflegt wurden, auch wenn sie allmählich in Vergessenheit gerieten. Mit Freude las er die Bibel und begann über theologische Fragen nachzudenken. Warum musste Jesus sterben? Warum gibt es überhaupt das Leid in der Welt? Warum hat Gott zugelassen, dass seine Mutter so früh starb? Konnte denn Gott auch als »Mutter« gedacht werden? Ich ermutigte ihn, über diese Fragen nicht nur nachzudenken, sondern sie bewusst in die Meditation hineinzunehmen und sie vor Gott und im Gespräch mit seinem

»Wahlbruder« Jesus zur Sprache zu bringen. Es waren sehr schöne, intensive Gespräche, die sich daraus ergaben.

Irgendwann bemerkte ich eine leise Veränderung in seinem Verhalten. Er wurde ungeduldiger, ein bisschen mürrisch, zog sich zurück, wirkte wie ein Junge, der mit sich und dem Leben nicht klarkommt. Ich sprach ihn darauf an, fragte ihn, ob mein Eindruck richtig sei, und nach einer Weile sagte er, dass er langsam genug von Frauen habe. Ich war überrascht, denn bisher hatte die Tatsache, dass er einer Frau gegenübersaß, keine erkennbare Rolle gespielt. Inzwischen aber hatte er auch durch seine therapeutische Begleitung seinen Zorn gespürt. Einen ganz gewaltigen Zorn auf seine Stiefmutter, die ihn benutzt hatte, aber auch auf seine leibliche Mutter, die ihn so früh verlassen hatte. Aus therapeutischer Sicht war es ein großer Fortschritt, dass er endlich auch seine eigenen, negativen Gefühle wahrnehmen konnte und nicht immer nur »der liebe Junge« mit dem ernsten Gesicht sein musste. Für unsere Beziehung bedeutete das eine Veränderung. Denn ich wollte nicht parallel zu seiner Therapie mit ihm über Geschlechterrollen reden. Es war aber auch noch nicht an der Zeit, dass er seine allgemeine Ablehnung von Frauen gleich wieder relativierte – dann wäre die Therapie unterlaufen worden.

So fragte ich ihn, ob wir unseren Weg eine Zeit lang unterbrechen wollten. Er kannte nun eine ganze Reihe von Übungen, mit denen er seinen Weg fortsetzen konnte. Ich nannte ihm außerdem noch ein paar Adressen von Geistlichen Begleitern, an die er sich, wenn es nötig sein sollte, getrost wenden konnte. Er wollte einerseits nicht gehen, wusste andererseits aber genau, dass er sich dieses gewünscht hatte: sich einmal in Frieden und ohne Groll von der »Mutter« zu verabschieden. Schließlich wagte er es, und ich hörte lange nichts mehr von ihm.

VII. Nähe und Distanz

Achtsam und respektvoll miteinander umzugehen heißt auch, die Einwohnung Gottes in der/dem anderen in jedem Fall ernst und wahrzunehmen – denn wer immer sie oder er auch ist, sie ist Tochter Gottes beziehungsweise er ist Sohn Gottes, aller Achtsamkeit und Ehrerbietung würdig.

Wie schwer es sein kann, mit anderen Menschen über die eigene Spiritualität zu reden, weiß jeder, der es versucht. Noch viel schwerer ist es, wenn man sich dieser eigenen Spiritualität gar nicht so recht bewusst ist, vielleicht noch nicht oder nicht mehr weiß, wie Gott im eigenen Leben »schmeckt«, »klingt«, sich »anfühlt« – wie er oder sie in und auch durch das eigene Leben lebt.

Da hilft es, dass die/der Geistliche Begleiter/in zunächst einmal ein/e Fremde/r ist, die/der man auch nicht andauernd begegnet, die/der in keinem anderen Verhältnis zu der/dem Suchenden steht als eben in der Rolle der/des Geistlichen Begleiter(s)/in. Und dann geschieht es – wie im Falle der angeführten Beispiele – in der Regel ganz schnell, dass sich gerade zu dieser fremden Person eine große Nähe entwickelt. Gerade weil man über das Persönlichste spricht und sich öffnet, verletzbar und ungeschützt erscheint, verbinden sich zwei Seelen manchmal in einer Weise, wie es sonst nur in engen und (hoffentlich) langfristigen Beziehungen geschieht. Wie schwer es ist, diese Nähe als zu dieser Form von Beziehung dazugehörend zuzulassen, aber zugleich auf Distanz zu bleiben und sich vor jeder Art persönlicher Verstrickung und Manipulation zu hüten, zeigt die Perikope von Jesus und Petrus im Matthäusevangelium (Mt 16,13–23).

Unmittelbar und schonungslos konfrontiert Jesus seinen Jünger Petrus mit den beiden Seiten, genauer gesagt mit den beiden Möglichkeiten, die sich in seiner, des Petrus Seele, zeigen und sich zugleich realisieren können. Petrus erkennt in Jesus zunächst als einziger den Messias – er hat eine Stufe erreicht, die weit über die sinnliche, ichbezogene Wahrnehmungsebene hinausgeht. Für einen Augenblick ist er wie Jesus ganz mit dem Geist Gottes verwoben, der allein diese Erkenntnis möglich macht. Dort, in dieser unmittelbaren Gottesschau, sind sie sich ganz nah, sind sie wirklich »eines Geistes«, auch wenn dieser eine Geist sich in zwei Körpern – eben dem des Jesus und des Petrus – inkarniert. Und so sagt Jesus ganz folgerichtig, dass Petrus selig sei und dass sein Geist unmittelbar Anteil habe an der Wirklichkeit Gottes. Deshalb – und nur deshalb – sei er derjenige, dem die Verantwortung für die Gemeinde Jesu übertragen werden würde. Wie wenig Petrus sich damit ein »dauerhaftes Gut« erworben hat, wie sehr seine Gottnähe im nächsten Moment durch das genaue Gegenteil verfinstert wird, lesen wir einige Verse später. Von menschlicher Warte aus sehr verständlich, will Petrus seinen Freund Jesus vor dem schmählichen Tod bewahren, der ihn erwartet. Ganz Freund will er dem Freund ins Gewissen reden, fast könnte man sagen: Er bittet ihn um ihrer Freundschaft willen, bei ihm und bei der Gruppe zu bleiben. Überaus menschlich, überaus nachvollziehbar! Und was tut Jesus? Er nennt ihn »Satan«, den »Gegner« oder »Ankläger«. Ausgerechnet der Freund, gerade der, der die menschliche Seite in Jesus anspricht und schützen will, wird zum schärfsten Widersacher.

Ist es das? Ist es wirklich die Liebe zu Jesus, die aus den Worten des Petrus spricht? Oder doch mehr die Liebe zu sich selbst, der auf die Wanderungen und die Freiheit im Schatten des Rabbi aus Nazareth nicht mehr verzichten will?

Es wird sich nie ganz eindeutig klären lassen, aus welcher Motivation heraus die Sorge für einen anderen Menschen übernommen wird. Aber diese so spröde Perikope lehrt die notwendige Wachsamkeit vor den eigenen Möglichkeiten mit kompromissloser Schärfe. Und in der Tat: Hätte Jesus sich auf der menschlichen Bindungsebene ansprechen lassen, wäre seine große Kraft, mit der er seinen Weg zu gehen bereit war, geschwächt worden. Dass es hierbei nicht um selbstverachtende Härte geht, zeigt das Ringen Jesu in Gethsemane. Hier bittet er um Trost und Beistand (Petrus schläft da allerdings), sogar darum, den Weg, wenn möglich, doch noch zu ändern. Wenn es sein kann, wenn es dem Willen Gottes entspricht, nicht dem eines Menschen.

Diese göttliche und widergöttliche Kraft ist in beiden – in der/dem Begleiter/in und in der/dem Begleiteten – in gleicher Weise vorhanden. Niemals ist es so, dass etwa nur die/der Begleiter/in die Verbindung zum Geist Gottes für sich beanspruchen könnte – Beispiele von emotionalem, spirituellem und sogar körperlichem Missbrauch in der Geistlichen Begleitung belegen das schnell. Es geht nicht darum, vollkommen werden zu wollen, das wäre wohl in hohem Maße anmaßend. Es geht nur darum, wachsam zu bleiben und mit der Stimme des »Gegners« im eigenen Herzen zu rechnen. Und dann rechtzeitig gewarnt zu werden, notfalls auch schonungslos und deutlich: »Weg mit dir, Satan.«

Aus diesen wechselnden Rollen und Möglichkeiten ergibt sich auch in der Geistlichen Begleitung der stete Wechsel von Nähe und Distanz. Da gibt es Augenblicke größter Nähe, innigen Verstehens, tiefer gemeinsamer Gottverwobenheit – und es gibt Augenblicke, wo einer dem anderen, ohne es zu wollen, zur Versuchung wird.

Bei alldem bleibt es wesentlich, einander mit Achtung und Respekt zu begegnen. Achtung und Respekt schaffen einen guten, empathischen Zwischenraum, sowohl in Zeiten der Nähe als auch in Zeiten der Entfremdung. Sie sorgen in jedem Fall dafür, dass ich in der/dem anderen immer auch die/den ganz andere/n erkenne, nicht nur ein verlängertes, projiziertes Bild meiner innersten Bedürfnisse.

Achtsam und respektvoll miteinander umzugehen heißt schließlich auch, die Einwohnung Gottes in der/dem anderen in jedem Fall ernst und wahrzunehmen – denn wer immer sie oder er auch ist, sie ist Tochter Gottes beziehungsweise er ist Sohn Gottes, aller Achtsamkeit und Ehrerbietung würdig – ebenso wie jede und jeder von uns.

VIII. Begegnung unter Gleichen

Wann dieser Moment kommt, da die Wirklichkeit Gottes plötzlich oder behutsam einbricht, eindringt, sich einleibt in einen Menschen, ist weder vorhersehbar noch »machbar« oder zu forcieren – es ist reine Gnade.

Das Zitat »Denn durch Gleiches beruft ER das Gleiche« ist dem berühmten und kostbaren Akathistos-Hymnus entnommen. In immer neuen, wunderbaren Sprachbildern wird da die Inkarnation des göttlichen Wortes in einer Frau besungen, genauer: in einer Jungfrau. Endlos und müßig sind die zum Teil dogmatischen, zum Teil ideologisierten Debatten darüber, wie dieses Wort »Jungfrau« nun zu verstehen sei. Viel wesentlicher als physiologische Details scheint mir die Sichtweise zu sein, dass es sich um eine Frau handelt, die mit ihrer ganzen Person durchlässig geworden ist für die Gegenwart Gottes. (Nebenbei: Wenn das möglich ist, dann ist selbstverständlich auch die Schwangerschaft einer Jungfrau im physiologischen Sinne möglich!) Sie ist derart offen und durchlässig für das Wort Gottes, dass alles, was diesem in ihr entgegensteht – und davon gibt es manches, wie jede/r von uns weiß –, davor verblasst und unwichtig wird.

Sie wird zum Gefäß des Wortes Gottes. In überschwänglichen und rational nicht begründbaren Momenten ist sie Wort Gottes ebenso wie dieser kostbare Schatz, der in ihr Gestalt wird. Köstlichst geschenkte Augenblicke, in denen die Trennung überwunden ist und Hingabe geschieht – vom Menschen an Gott und von Gott an den Menschen.

Dass solche gnadenvollen Augenblicke nicht festzuhalten sind, dass sie sich vielmehr ins Gegenteil verkehren, sobald daraus ein Anspruch abgeleitet wird, haben wir in der Begegnung von Jesus und Petrus gesehen.

Aber dann und wann geschieht es eben doch, dass diese Gegenwart Gottes sich einwohnt in einer menschlichen Seele, sich ihr einformt und so tatsächlich Gleiches von Gleichem berufen wird – Gott erkennt sich selbst im Menschen, Vereinigung geschieht.

Und wenn man diese Augenblicke auch nicht festhalten kann, so hinterlassen sie den Menschen, dem solches widerfährt, dennoch verändert. Es ist gleichsam ein Riss im Ich-Panzer, durch den das Licht Gottes fortan einfällt und die Sehnsucht des Menschen nach Gott daraus nur umso deutlicher hervorleuchtet. Mag sein, dass ein so »verwundeter«, verwandelter Mensch nicht mehr einfach an sein früheres Dasein anknüpfen kann, aber vermutlich wird er das auch nicht mehr ernsthaft wollen. Vor allem aber wird dieser Mensch nicht nur durchlässig werden für die ersehnte Gegenwart Gottes, sondern ebenso für die wirkliche Gegenwart anderer Menschen und seiner eigenen Seelenbewegungen. Von Jesus wird einmal gesagt: »ER wusste, was im Menschen ist.« Woher sollte er das wissen, wenn er nicht ein sicheres Gespür für sich selbst, für die anderen und den Schatz der Einwohnung Gottes in sich und in allen Menschen gehabt hätte?

Wann dieser Moment kommt, da die Wirklichkeit Gottes plötzlich oder behutsam einbricht, eindringt, sich einleibt in einen Menschen, ist weder vorhersehbar noch »machbar« oder zu forcieren – es ist reine Gnade. Wenn es aber geschehen ist, dann spüren es auch andere, vielleicht sogar intensiver als die derart Berührte/n. Gerade und erst recht in der Geistlichen Begleitung. Da sitzt dann keine/r mehr, die/der den Weg nicht kennt oder ihrer/seiner eigenen Wahrnehmung nicht traut, sondern jemand, der vielleicht ein bisschen benommen fragt, was ihm jetzt widerfahren ist, und warum das eigene Leben plötzlich so offen und weit geworden ist. Jemand, der aber auch die Begleiterin mit anderen Augen ansieht, nicht mehr als die »Mutter eines hungrigen Kindes«, von der das »Heil der Welt zu erwarten ist«, sondern als eine Erwachsene und Erwachte, die ebenso auf dem Weg ist und der mit Freundlichkeit und Wahrheit, aber ohne übertriebene Erwartung zu begegnen ist.

Im indischen Sprachraum gibt es eine wundervolle Begrüßungsgeste: Zwei Menschen verneigen sich mit aneinandergelegten Handflächen voreinander und sprechen sich zu: »Das Heilige in mir grüßt das Heilige in dir.« In unser christliches Erleben und paulinisch bezeugtes Reden übersetzt würde der Gruß heißen: »Der Christus in mir grüßt den Christus in dir.« Das ist es. Im Wissen um den gemeinsamen Ursprung und das gemeinsame Wesen und Ziel einander erkennen als Trägerin und Träger dieser Verheißung, ja mehr noch, als Ort und Gestalt, in der diese Verheißung schon anfangshaft wirklich geworden ist – allein deshalb, weil das Leben selbst Beweis der Gegenwart des Höchsten ist.

An diesem Punkt ist die Geistliche Begleitung im bisher beschriebenen Sinne eigentlich zu Ende.

Alles Weitere gehört in den Bereich der Therapie, der Supervision, der Fortbildung, vor allem des bunten, reichen Lebens. So lange, bis eine neue Wachstumsdichte das lichte Christuslicht wieder etwas verdunkelt, die/der Suchende ihren/seinen eigenen göttlichen Ursprung wieder zu vergessen droht und einen Ort der Erinnerung sucht. In diesem Sinne sind Geistliche Begleiter/innen nichts anderes als Hüter/innen der Erinnerung an das, was jedem Menschen seit seiner Erschaffung eingestiftet ist – an die bedingungslose Liebe Gottes, lebendig wirksam in jedem Menschen.

IX. Miteinander auf dem Weg

Gertrud nahm die Ikone mit, die ihr in unseren Gesprächen als Ort der Vergegenwärtigung Gottes wichtig geworden war, und verabschiedete sich für einige Monate.

Irgendwann blieben auch die sporadischen Nachrichten von Katja aus. Über eine andere Kursteilnehmerin hörte ich in großen zeitlichen Abständen von ihr, wusste immerhin, dass sie lebt und ihren Weg zwischen Studium und Aushilfsjobs ging, sich aber ansonsten mehr und mehr wegentwickelte von der jungen, verschlossenen und ebenso schüchternen wie arroganten Frau, die ich kennengelernt hatte. Jahre später erhielt ich völlig überraschend einen Anruf von ihr. Ich freute mich aufrichtig, spürte zugleich, dass ich die Frau am Telefon nicht ohne weiteres wie früher anreden konnte. Die Stimme klang etwas tiefer, das Sprechen war ruhiger, die Worte weniger geschliffen, dafür unmittelbarer. Es war die Katja, die ich kannte, und es war eine mir fremde, erwachsene Frau, die kennenzulernen ich große Lust hatte.

Und so kam sie ein paar Wochen später vorbei. Sie war noch schöner als früher, was vor allem daran lag, dass ihr apartes Gesicht weicher geworden war und sich nun mit einer sehr weiblichen Figur verband. Aus dem hageren, sich selbst ablehnenden Mädchen war eine Frau geworden. Den Ring am Finger deutete ich richtig: Sie hatte inzwischen ihren früheren Freund geheiratet und erwartete ein Kind, was ihre weiche Gestalt noch einmal in einem anderen Licht erscheinen ließ. Das Mädchen wurde Mutter. Und es stand ihr ausgesprochen gut, weil sie dieses Kind mit ganzem Herzen willkommen hieß.

Nachdem wir die »neuesten Nachrichten« ausgetauscht und uns langsam wieder vertraut gemacht hatten, sagte sie selbstbewusst, dass sie mich um die Begleitung während ihrer Schwangerschaft, Geburt und in ihre neue Identität als Mutter bitten wolle. Das nahm ich gerne an, umso mehr, als ich nicht in Gefahr war, die Katja meiner Erinnerung mit dieser neuen, genauer gesagt zu sich selbst erwachten Katja zu vermischen. Diese war ganz offensichtlich in der Lage, gut darauf zu achten, dass sie als die wahrgenommen wurde, die sie jetzt war: eine erwachsene Frau voller Leben. Noch immer suchte sie nach der Begegnung mit Gott. Aber sie suchte nicht mehr nur intellektuell, nicht mehr, um mittels theoretischer Überlegungen einen Schutzwall gegen eine mögliche Berührung aufzubauen, sondern so wie eine Liebende. Wie eine, die gekostet hat und deren ganzes Verlangen nun danach geht, diesen Genuss wiederzufinden und sich ihm zu öffnen. Und sie wusste, dass und wie ihr das geschenkt wurde.

Am auffälligsten war ihre völlig veränderte Haltung ihrer eigenen Körperlichkeit gegenüber. Wo vorher Verachtung, Angst und Selbsthass herrschten, war nun Sinnlichkeit. Eine freie, unaufgeregte, sich selbst wahrnehmende sinnliche Einfühlung in die eigene atemerfüllte Materie. Katja war – und ist! – eine der Frauen, an denen mir der Zusammenhang des Wortes Materie mit dem lateinischen »Mater«, Mutter, besonders deutlich wurde. Seit sie sich mit ihrer Leiblichkeit versöhnt hatte, konnte sie ihren Leib als »Mutter«, als Ort des atmenden und des ewig webenden Lebens fühlen. Sie hatte nicht mehr nur einen Körper, sondern sie wurde selbst zu ihrem Leib. Dass sie darüber hinaus nun wirklich Mutter eines Kindes wurde, brachte diese Bewegung noch sinnlicher zum Ausdruck. Aber selbstverständlich ist dies nicht die einzige Form der Gotteseinwohnung! Jede und jeder, die und der sich selbst annimmt als Wohnung des Höchsten, ihm Raum gibt und sich seiner Gestaltwerdung anvertraut, wird in diesem Sinne »Materie« des Wortes, wird in der Gemeinschaft mit der ganzen Schöpfung zum Ort der Inkarnation. Um es mit Hildegard von Bingen zu sagen: »Gott wurde Mensch, damit der Mensch Heimat habe in Gott« – und damit die Welt ein Ort bleibt, in dem Gott wohnt.

Gertrud

Gertrud entwickelte auf ihrem Weg eine große Tapferkeit, die sie brauchte, um in wirklich schwierigen Phasen nicht aufzugeben. In der Selbsthilfegruppe für Co-Abhängige lernte sie andere Frauen und Männer kennen, die als Angehörige suchtkranker Menschen in der gleichen Situation waren wie sie, und das half ihr, ihre eigene Verstrickung in die Krankheit ihres Mannes besser zu erkennen. Gleichzeitig wurde ihr erst jetzt bewusst, wie hilfebedürftig sie selbst war, wie wenig sie in der Lage war, sich aus eigener Kraft daraus zu befreien. Sie nahm wieder regelmäßigen Kontakt zu mir auf und bat mich darum, einfach mit ihr um den Schutz Gottes zu beten, wenn sie keine Worte und keine Kraft mehr zum Gebet hatte. Das taten wir, und manchmal genügte es, wenn wir einfach lange schweigend vor einer Ikone saßen oder Gertrud in meiner Gegenwart leise das aussprach, was sie bedrängte. Geistliche Begleitung kann auch einfach Zeugenschaft sein. Ich wurde Zeugin ihres Schmerzes, ihrer Angst, ihres Zornes und ihrer verzweifelten Hoffnung, mit der sie diesen Gott, der ihr zuweilen so fern erschien, bestürmte. Und ich konnte sie – ausgesprochen oder nicht – darin unterstützen. Gleichzeitig übten wir Formen geistlichen Lebens im Alltag ein, die es ihr ermöglichen sollten, in streng ritualisierter Weise der mächtigen Eigendynamik des Suchtverhaltens etwas entgegenzusetzen – und gleichzeitig zu wissen, dass vor jedem Ritual und jeder ernst gemeinten Selbstverpflichtung die Barmherzigkeit Gottes wirkt.

Gertrud erkannte, dass sie in der steten Gegenwart ihres Mannes aus ihren eigenen Verhaltensmustern nicht herausfinden würde, sondern dass es zumindest vorübergehend einer äußeren Distanz bedurfte, um auch innerlich Abstand zu gewinnen und dadurch handlungsfähig zu werden. Sie überraschte mich eines Tages mit der Nachricht, dass sie sich mit Hilfe ihres Hausarztes in einer psychosomatischen

Klinik angemeldet habe, dort auch in absehbarer Zeit aufgenommen werden könnte und danach gerne ein oder zwei Wochen bei uns im Haus mit wohnen würde. Diese Entscheidung war außerordentlich mutig, und ich beglückwünschte sie dazu, denn das bedeutete, dass sie wirklich zu einer Änderung und Wandlung bereit war und sich dabei intensiv unterstützen lassen wollte. Sie nahm die Ikone mit, die ihr in unseren Gesprächen als Ort der Vergegenwärtigung Gottes wichtig geworden war, und verabschiedete sich für einige Monate. Wir hatten verabredet, dass sie sich in dieser Zeit nicht melden sollte, sondern sich an das Begleiterteam in der Klinik wenden sollte. Daran hielt sie sich.

Als sie wiederkam, war sie erschöpft und wirkte wie eine Frau, die einen schweren Kampf hinter sich hat, dabei geschwächt wurde und für die dennoch Begriffe wie »Niederlage oder Sieg« nicht mehr galten. Sie hatte eine ganz andere Perspektive eingenommen, die ihr den Blick für ihre und ihres Mannes Situation öffnete und schärfte, sie aber vor Verzweiflung darüber bewahrte, weil sie wusste, dass es in ihr und außerhalb ihrer selbst ein wirksames Drittes gab, dass das eine wie das andere überdauerte und relativierte. Dieses »wirksame Dritte« nannte sie abwechselnd ihr eigenes »Selbst«, aber auch die Kraft Gottes. Und ich stimmte ihr zu: Beides ist zwar nicht dasselbe, wohl aber im besten Fall und als Geschenk so mit- und ineinander verwoben, dass es als ein zusammenklingendes Wort erscheint. Von dort aus konnte sie sich und ihr Leben nun besser betrachten und es gestalten lernen.

Die erstaunliche Wirkung dieses Weges bestand darin, dass Gertrud sich eine eigene kleine Wohnung nahm. Zwar kümmerte sie sich weiter um ihren Mann, aber sie kehrte jeden Abend in ihre Wohnung zurück, traf sich auch mit Freundinnen oder Bekannten und buchte eines Tages sogar eine Gruppenreise. Ihr Mann war über diese Bewegungen zutiefst erschrocken, versuchte aber nicht länger, sie zu behindern.

Gertrud kam auch weiterhin in größeren Abständen zum Gespräch, aber sprach weniger über ihren Mann. Fast schien es, als habe die Beziehung zu ihm nun in ihrem Leben einen angemessenen Platz bekommen – einen Platz, der sie einerseits nicht völlig aus der Verantwortung entließ, andererseits aber auch nicht mehr alle Handlungen, ihr ganzes Denken und Fühlen bestimmte. Gertrud war ganz entschieden gewachsen und offen geworden für das Leben in seiner ganzen Fülle.

Johannes

Johannes meldete sich lange Zeit nicht mehr. Da wir keine gemeinsamen Bekannten hatten, wusste ich auch nichts über sein Ergehen und hoffte einfach, dass er eine Begleitung für sich gefunden hatte, die ihm entsprach. Dann erreichte er mich telefonisch und fragte, ob er gemeinsam mit seiner Frau zu einem Gespräch kommen könnte. Ich hielt das für eine gute Idee, und so lernte ich also auch Bettina kennen. Johannes begann, offen von seinem Weg zu erzählen, der ihn zu einem Geistlichen Begleiter geführt habe, mit dem er sozusagen von Mann zu Mann sprechen konnte. Dieser Begleiter war Franziskaner, und so hatte Johannes nebenbei etwas vom klösterlichen Leben erfahren. Das habe ihn fasziniert. Und auch wenn sein Therapeut ihn sicher zu Recht darauf hingewiesen habe, dass ein Großteil der Faszination für ihn sicher in der Abwesenheit von Frauen bestünde, habe er eben doch das Bedürfnis, wenigstens eine Zeit lang so zu leben. Ich konnte das gut verstehen, denn der vorübergehende Rückzug aus der Welt der äußeren Geschlechterpolarität ist auch für sehr viele Frauen ein Grund, eine Zeit lang in einem Frauenorden zu leben.

Mein Blick suchte Bettina, die ihn zögernd erwiderte. Also fragte ich sie, wie es denn ihr damit ginge. Sie begann, von ihrer Erleichterung einerseits, ihrer Angst andererseits zu sprechen. Das Eheleben mit Johannes sei sehr schwer geworden in den letzten Jahren, und dies umso mehr, als sie nicht wusste, wie sie zu einer Entspannung hätte beitragen können. An dieser Stelle nahm Johannes sie sehr liebevoll in den Arm und versicherte ihr – offenbar hatte er das schon öfter getan –, dass sie gar nichts dafür könne und eine wunderbare Frau sei. Eine anrührende und aufrichtige Geste, die aber Bettina nicht wirklich trösten konnte. Denn stärker war ihre Angst, von der sie dann sprach: Ihre Angst, nicht zu genügen und deshalb von ihm abgelehnt zu werden, ihre Angst, dass er – wenn er eine Zeit lang wegging – womöglich nicht wiederkäme, sei es, weil er nun selbst Mönch werden würde, sei es, weil er eine andere, stärkere, attraktivere Frau kennenlernen würde. Ich fragte nach, ob er von dieser Angst wusste, und erwartungsgemäß hatten sie beide schon oft darüber gesprochen. Das gemeinsame Gespräch hatte nun einen Punkt erreicht, an dem ein weiterer Austausch von Argumenten oder gegenseitigen Beteuerungen fruchtlos wurde – all das musste sich nun in der gelebten Realität klären, wenn es nicht nur als Fantasie und Vorstellung Kräfte eher binden als befreien sollte.

So fragte ich also, wie ich in dem Ganzen hilfreich sein könnte. Bettina erzählte, dass Johannes oft von mir gesprochen und ihr vorgeschlagen habe, sich ebenfalls begleiten zu lassen, vor allem in der Zeit, in der er dann fort sein würde. Auf meine Frage, was sie selbst sich wünsche, kam ein etwas unsicheres, vorsichtiges Zustimmen.

Ich ermunterte sie, die Möglichkeit einer unterstützenden Begleitung ernsthaft zu prüfen, denn diese Möglichkeit bestünde auch unabhängig von mir und ich könnte ihr entweder selbst Adressen von anderen Begleiter/innen und Begleitern geben oder sie könnte sich an Einkehrhäuser, Klöster und Kirchen wenden, die über solche Adressenlisten verfügen.

Die beiden verabschiedeten sich. Bettina meldete sich wieder, mit ihr begann ein neuer Weg. Johannes hat eine Einkehrzeit in einem Kloster begonnen, die ihn, Gott gebe es, hinein in das Herz Gottes und in die Mitte seines eigenen Wesens führen möge.

X. Und jedem Abschied wohnt ein Zauber inne ...

Zum Geburts- und Wandlungsweg gehört auch der Abschied aus der Begleitung selbst. Wenn das offene Land erreicht ist, das Leben verkostet oder zumindest ein nächster Schritt hinein in andere unterstützende Beziehungen getan ist, ist es ganz wesentlich, einander auch wieder freizugeben.

Abschied zu nehmen ist eine Kunst. Worum es in Wahrheit geht und was vielleicht an einer gewissen Abschiedsvermeidung in unserer Gesellschaft noch erkennbar ist, erschließt sich, wenn man statt des Substantivs »Abschied« das enthaltene Verb »abscheiden« gebraucht. Abscheiden bedeutet sterben – zumindest in Bedeutungsresten, die sich in unserer Spracherinnerung bewahrt haben. Wer abscheidet, stirbt. Wer sich verabschiedet, teilt dem anderen diesen Umstand mit, und wer Abschied gibt, akzeptiert diesen Umstand und begleitet ihn auch aktiv mit.

Sicher ist uns dieser Bedeutungshintergrund kaum mehr im Alltagsbewusstsein präsent, und das ist auch sinnvoll. Wer denkt schon gern an das Sterben und den Tod, wenn man sich, wie meistens absehbar, nur vorübergehend aus dem Blick verliert. Andererseits ist genau durch diese Nivellierung ein Problem entstanden, das uns heute in ganz verschiedener Gestalt existenziell bedrängt: Die Todesverleugnung führt zu maßloser Überheblichkeit einerseits und einer hochwirksamen, weil unterschwelligen Todesangst andererseits. Je mehr wir die Tatsache unserer Sterblichkeit verleugnen, desto machtvoller herrscht der Tod über uns mitten im Leben. So werden die Anstrengungen, dies zu verleugnen, immer größer, die Versuche, Abschiede zu vermeiden, immer ausgefeilter.

Aber es gibt auch andere Bewegungen. In der aufblühenden Hospizbewegung wird die Würde der Sterbenden geschützt und ernst genommen. Manche Krankenhäuser richten Palliativstationen ein, in denen Abschied und Tod als wesentlicher Teil des Lebens angenommen und in lichter und lebensbejahender Architektur, Raumgestaltung und im Verhalten der Pflegenden spürbar werden.

In der Geistlichen Begleitung spielt das Thema Abschied und Tod wie bei jeder Geburt eine große Rolle. Oft ist schon der Beginn voller Abschiedsahnungen: »Etwas« geht nicht mehr so weiter wie bisher, Beziehungen werden schwierig, langgeübte Verhaltensmuster, Gottes-, Selbst- und Weltbilder zerbrechen und Gewissheiten zerrinnen zwischen den Fingern. Der Weg führt, bevor er in etwas hineinführt, in die Weite, in die Liebe Gottes, in eine neue Ich-Stärke – zunächst einmal aus etwas heraus, nämlich aus allem, das genau diesen nächsten Schritt verhindert. Dass diese räumliche Beschreibung aus der Sicht Gottes hinfällig ist, weil Gott sowohl vorher wie nachher, sowohl im Alten wie im Neuen sich verortet, bleibt unstrittig. Ebenso unstrittig ist es aber, dass unsere Gefühle und Wahrnehmungen von der Präsenz Gottes sich oft voneinander unterscheiden und diese Übergänge als wirkliche Schmerzen, Ängste, ja Todesängste erlebt werden. Diese Abschiede sind Teil und Inhalt der Geistlichen Begleitung ebenso wie die Feier des neugeborenen Lebens, das sich aus diesen Schmerzen entbirgt. Wie schon zu Beginn, so sei hier noch einmal an das Wort Jesu aus dem Johannesevangelium erinnert, weil es Ende, Anfang und Wandlung umgreift:

»Wenn die Frau gebären soll, ist sie bekümmert, weil ihre Stunde da ist; aber wenn sie das Kind geboren hat, denkt sie nicht mehr an ihre Not über der Freude, dass ein Mensch zur Welt gekommen ist. So seid auch ihr jetzt bekümmert, aber ich werde euch wiedersehen; dann wird euer Herz sich freuen, und niemand nimmt euch eure Freude.« (Joh 16,21–22)

Diese Geburtsschmerzen und die Lebensfreude werden vor allem jener Frau zuteil, die sich in diesem Prozess befindet. Aber wie jede Hebamme und jeder »mitgebärende« Mann bestätigen wird, werden diese Bewegungen zwar auf einer anderen Wahrnehmungsebene, aber zumindest in Augenblicken ähnlich intensiv von denen miterlebt, die mitgehen, also auch von den Geistlichen Begleiterinnen und Begleitern. Sie übernehmen einen Teil der wirkenden Kräfte, teilen dadurch deren Gewalt und können durch die größere Distanz gleichzeitig darauf achten, dass das Maß immer noch erträglich bleibt. Wo das nicht mehr möglich ist und eine Erschütterung die Kräfte eines Menschen übersteigt, bedarf es einer anderen Hilfe – wie das in der medizinischen Begleitung auch der Fall ist.

Zu diesem Geburts- und Wandlungsweg gehört schließlich auch der Abschied aus der Begleitung selbst. Wenn das offene Land erreicht ist, das Leben verkostet oder zumindest ein nächster Schritt hinein in andere unterstützende Beziehungen getan ist, ist es ganz wesentlich, einander auch wieder freizugeben.

In den Väter- und Müttergeschichten der Bibel wird zuweilen von dem Segen gesprochen, der dem Sohn oder der Tochter mit auf den Weg gegeben wird. Diese Praxis des Abschieds- und Übergangssegens ist noch ein wenig erkennbar in den Kasualien[2] unserer Kirche und in den Übergangsritualen, die heute wiederentdeckt oder neu gefunden werden. Eine solche Segenshandlung ist eine gute und wirksame Form, auch eine gemeinsame Begleitungsbeziehung zu beenden und den jeweils eigenen Weg aufrecht und frei weiterzugehen.

Natürlich gehört dazu eine entsprechende Vorbereitung. Es ist sinnvoll, die zurückliegende Zeit noch einmal insgesamt zu überblicken, sich wichtiger Ereignisse bewusst zu werden, einander auch zu sagen, was hilfreich und was möglicherweise irritierend war. Es ist wichtig, einander wieder anzuschauen und ernst zu nehmen als freie, unabhängige Menschen mit eigener Verantwortung und eigenem Auftrag. Noch wichtiger ist es, einander zu erkennen als Söhne und Töchter Gottes, in Gleichheit vor ihm und begabt mit der Fülle seiner Liebe und seiner Kraft – wie immer diese sich dann auch gestaltet.

Es kann eine schöne Form sein, miteinander eine Form des Abschieds zu entwickeln. Dazu gehört die Frage des Ortes: Ist es das Gesprächszimmer oder ein anderer Raum, eine Kirche oder ein Platz im Wald? Welche Zeit ist die richtige? Geschieht der Abschied während einer normalen Gesprächszeit, oder wird ein besonderer

Termin vereinbart? Findet das Schlussgespräch und das Ritual zum selben Termin statt, oder sollen diese voneinander getrennt werden? Wie soll eine Segenshandlung oder eine andere Abschiedsform vonstatten gehen, oder gibt es noch ganz andere Gestaltungsformen? Es ist vieles möglich, wenn es denn dem gemeinsamen Anliegen dient – nämlich einander wahr- und anzunehmen und einander dann auch zu lassen, ins Leben und in die Liebe Gottes zu entlassen. Ganz im Sinne Jesu Christi, der spricht: Ich lebe, und ihr sollt auch leben.

Anmerkungen

1 Perikope, griechisch = Abschnitt, für die Lesung im Gottesdienst und als Textgrundlage für die Predigt bestimmte biblische Textabschnitte.

2 Kasualien, von lateinisch »casus« = Fall, Vorfall; Bezeichnung für die im Bedarfsfall vorgenommenen kirchlichen Amtshandlungen wie etwa Taufe, Trauung und Bestattung.

Die Lebenskunst der Klöster

Münsterschwarzacher Kleinschriften

1	Anselm Grün, **Gebet und Selbsterkenntnis**	1979/2002
3	F. Ruppert/A. Grün, **Christus im Bruder**	1979/2004
6	Anselm Grün, **Der Umgang mit dem Bösen**	1980/2001
7	Anselm Grün, **Benedikt von Nursia**	1979/2004
11	Anselm Grün, **Der Anspruch des Schweigens**	1980/2003
13	A. Grün, **Lebensmitte als geistliche Aufgabe**	1980/2001
17	F. Ruppert/A. Grün, **Bete und Arbeite**	1982/2003
18	Jean Lafrance, **Der Schrei des Gebetes**	1983
19	Anselm Grün, **Einreden**	1983/2001
22	Anselm Grün, **Auf dem Wege**	1983/2002
23	Anselm Grün, **Fasten**	1984/2001
25	Guido Kreppold, **Die Bibel als Heilungsbuch**	1985/2004
26	M. Dufner/A. Louf, **Geistl. Begleitung i. Alltag**	1985/2006
28	M. W. Schmidt, **Christus finden i. d. Menschen**	1985
29	Grün/Reepen, **Heilendes Kirchenjahr**	1985/2001
31	Basilius Doppelfeld, **Mission**	1985
32	Anselm Grün, **Glauben als Umdeuten**	1986/2002
36	Anselm Grün, **Einswerden**	1986/2003
37	Brakkenstein Com., **Regel f. e. neuen Bruder**	1986
39	Anselm Grün, **Dimensionen des Glaubens**	1987/2004
41	Johanna Domek, **Gott führt uns hinaus ins Weite**	1987
44	Anselm Grün/Petra Reitz, **Marienfeste**	1987/2001
46	Anselm Grün/Michael Reepen, **Gebetsgebärden**	1988/2002
47	Emmanuela Kohlhaas, **Es singe das Leben**	1988
50	Anselm Grün, **Chorgebet und Kontemplation**	1988/2002
52	A. Grün, **Träume auf dem geistlichen Weg**	1989/2001
57	Grün/Dufner, **Gesundheit als geistliche Aufgabe**	1989/2001
58	Anselm Grün, **Ehelos – des Lebens wegen**	1989/2003
59	Dumitru Staniloae, **Gebet und Heiligkeit**	1990
60	Anselm Grün, **Gebet als Begegnung**	1990/2001
61	Basilius Doppelfeld, **Mission als Austausch**	1990
62	Abeln/Kner, **Kein Weg im Leben ist vergebens**	1990/2003
63	R. Faricy/R. J. Wicks, **Jesus betrachten**	1990
64	Anselm Grün, **Eucharistie und Selbstwerdung**	1990/2002
65	Basilius Doppelfeld, **Ein Gott aller Menschen**	1991

66	Abeln/Kner, **Wie werde ich fertig m. m. Alter?**	1992/2002
67	A. Grün, **Geistl. Begleitung b. d. Wüstenvätern**	1992/2002
68	Anselm Grün, **Tiefenpsych. Schriftauslegung**	1992/2002
71	Anselm Grün, **Bilder von Verwandlung**	1993/2001
73	Wunibald Müller, **Meine Seele weint**	1993/2001
75	Herbert Alphonso, **Die Persönliche Berufung**	1993/2002
76	Anselm Grün/Gerhard Riedl, **Mystik und Eros**	1993/2001
77	Gabriele Ziegler, **Der Weg zur Lebendigkeit**	1993
79	Fidelis Ruppert, **Der Abt als Mensch**	1993
80	Boniface Tiguila, **Afrikanische Weisheit**	1993
81	Anselm Grün, **Biblische Bilder von Erlösung**	1993/2001
82	A. Grün/M. Dufner, **Spiritualität von unten**	1994/2002
84	Mauritius Wilde, **Ich versteh' dich nicht!**	1994/2004
85	R. Abeln/A. Kner, **Das Kreuz mit dem Kreuz**	1994
86	Fidelis Ruppert, **Mein Geliebter, die riesigen Berge**	1995
87	Basilius Doppelfeld, **Zeugnis und Dialog**	1995
90	Fidelis Ruppert, **Intimität mit Gott**	1995/2002
92	Anselm Grün, **Leben aus dem Tod**	1995/2001
93	Anselm Grün, **Treue auf dem Weg**	1995
94	Edgar Friedmann, **Ordensleben**	1995
95	Hermann M. Stenger, **Gestaltete Zeit**	1996
96	Basilius Doppelfeld, **Bleiben**	1996
97	Christian Schütz, **Mit den Sinnen glauben**	1996
98	Karin Johne, **Wortgebet und Schweigegebet**	1996
99	Anselm Grün, **Das Kreuz**	1996/2005
100	A. Grün/A. Seuferling, **Schöpfungsspiritualität**	1996/2002
101	Basilius Doppelfeld, **Lassen**	1996
102	Anselm Grün, **Wege zur Freiheit**	1996/2003
103	G. Kreppold, **Krisen – Wendezeiten im Leben**	1997/2001
104	Irmgard und Peter Abel, **Familienleben**	1997/2002
106	Anselm Grün, **Exerzitien für den Alltag**	1997/2001
107	Karl-Friedrich Wiggermann, **Das geistliche Wort**	1997
108	F. Ruppert/A. Stüfe, **Der Abt als Arzt ...**	1997
109	H. Nouwen, **Unser Heiliges Zentrum finden**	1998/2003
110	Georg Braulik, **Zivilisation der Liebe**	1998
111	Wunibald Müller, **Wenn du ein Herz hast ...**	1998
112	G. Kreppold, **Selbstverwirkl. od. Selbstverleugnung?**	1998
113	Basilius Doppelfeld, **Erinnern**	1998

114 Anselm Grün, **Zerrissenheit** 1998/2001
115 K.-F. Wiggermann, **Spiritualität und Melancholie** 1998
116 Reinhard Körner, **Was ist Inneres Beten?** 1999/2002
117 Christa Carina Kokol, **Wie bist du, Gott?** 1999
118 Gabriele Ziegler, **Sich selbst wahrnehmen ...** 1999
120 Anselm Grün, **Vergib dir selbst** 1999/2001
121 D. Koller, **Trinitarisch glauben, beten, denken** 1999
122 G. Kreppold, **Träume – Hoffnung für das Leben** 1999/2001
124 Basilius Doppelfeld, **Loslassen und neu anfangen** 2000/2002
126 Pierre Stutz, **Licht in dunkelster Nacht** 2000/2001
127 Wunibald Müller, **Dein Herz lebe auf** 2000/2002
128 Anselm Grün, **Entdecke das Heilige in Dir** 2001
129 Guido Kreppold, **Esoterik** 2001
130 Mauritius Wilde, **Der spirituelle Weg** 2001
131 J. Domek, **Das Leben wieder spüren** 2001/2006
132 Alfred Läpple, **Der überraschende Gott** 2002
133 Johanna Domek, **Die Sehnsucht weiß mehr** 2002
134 Klaus-Stefan Krieger, **Gewalt in der Bibel** 2002
135 Hubert Luthe/Máire Hickey, **Selig bist du** 2002
136 Meinrad Dufner, **Schöpferisch sein** 2002
137 B. Ulsamer/M. Hell, **Wie hilft Familien-Stellen?** 2003
138 Lothar Kuld, **Compassion – Raus aus der Ego-Falle** 2003
139 Peter Abel, **Neuanfang in der Lebensmitte** 2003
140 Wunibald Müller, **Dein Weg aus der Angst** 2003
141 Klaus-Stefan Krieger, **Was sagte Jesus wirklich?** 2003
142 A. Grün/R. Robben, **Gescheitert? – Deine Chance!** 2003
143 Meinrad Dufner, **Rollenwechsel** 2004
144 Bertold Ulsamer, **Zum Helfen geboren** 2004
145 A. Grün/W. Müller, **Was macht Menschen krank ...?** 2004
146 Peter Modler, **Lebenskraft Tradition** 2004
147 Gruber/Steins, **Mit Gott fangen die Schwierigkeiten ...** 2005
148 Guido Kreppold, **Die Kraft des Mysteriums** 2005
149 Peter Modler, **Gottes Rosen** 2005
150 Jonathan Düring, **Der Gewalt begegnen** 2005
151 Wunibald Müller, **Allein – aber nicht einsam** 2005
152 B. Ulsamer, **Lebenswunden – Hilf. zur Traumabewältig.** 2006
153 Olav Hanssen, **Dein Wille geschehe** 2006
154 Reinhard Körner, **Dunkle Nacht** 2006

155	Jonathan Düring, **Wild und fromm**	2006
156	Guido Kreppold, **Dogmen verstehen**	2006
157	Peter Abel, **Gemeinde im Aufbruch**	2006
158	Michael Plattig, **Prüft alles, behaltet das Gute!**	2006
159	Paulus Terwitte/Peter Birkhofer, **Ich bin gerufen**	2007
160	Wunibald Müller, **Atme auf in Gottes Nähe**	2007
161	Anselm Grün, **Alles ist mir Himmel**	2007
162	Meinrad Dufner, **Kirchen verstehen**	2007
163	Jochen Sautermeister, **Glück und Sinn**	2007
164	Johannes Füllenbach, **Dein Reich komme**	2007
165	Wunibald Müller, **Atme in mir**	2008
166	Kirsner/Böhm, **Wo finden wir die blaue Fee?**	2008
167	Michael Plattig, **Ich wähle alles!**	2008
168	Katharina Schridde, **Den mütterlichen Gott suchen**	2008
169	Christoph Gerhard, **Der Stern von Bethlehem**	2008

Die Titel dieser Reihe sind auch im **Abonnement** zu beziehen. Gerne informieren wir Sie unter Tel. 09324/20-292 über diese Möglichkeit.

VIER-TÜRME-VERLAG
Telefon 09324/20-292 · Telefax 09324/20-495
Bestellmail: info@vier-tuerme.de / www.vier-tuerme-verlag.de